處於順境時，善待別人；
處於逆境時，善待自己。

慢慢才知道，
日子原來可以這樣過

何睿平 著

前言

　　有位醫生曾經替一位卓越的企業家診療，勸他多多休息。

　　企業家抗議說：「我每天承擔巨大的工作量，沒有一個人可以分擔一丁點兒的業務，大夫，你知道嗎？我每天都得提著一個沈重的手提包回家，裏面裝的是滿滿的文件呀！」

　　「為什麼晚上還要批那麼多文件呢？」醫生很詫異地問道。

　　「那些都是當天必須處理的急件。」企業家不耐煩地回答。

　　「難道沒有人可以幫你忙嗎？你的助手、副總呢？」

　　「不行啊！這些只有我才能正確地批示呀！而且我還必須儘快處理，要不然公司怎麼辦？」企業家一副不屑的樣子。

　　「這樣吧，我現在給你開個處方，你能否照辦？」醫生沒有理會企業家的反應，似乎心裏已經有了決定。

　　企業家接過處方箋——「每個星期抽空到墓地走一趟，每天優閒地散步兩小時。」

　　「每個星期抽空到墓地走一趟？這是什麼意思？」企業家看了處方箋很是驚訝。

　　「我知道你看了處方會很驚訝，」醫生不慌不忙地回答：「我希望你到墓地走一走，看看那些與世長辭的人的墓碑，他們中有多少人生前與你一樣，甚至事業做得比你更大，他們中也有許多人跟你現在一樣，什麼事都放心不下，如今他們全都永眠於

黃土之中，然而整個地球的各種事物 還是永恒不斷地進行著。所以，我建議你每個星期找個時間站在某個墓碑前，好好想想這些擺在你面前的事實，也許會有所解脫。」

於是，企業家沉默了，他向醫生道別。之後，按照醫生的指示，釋緩生活的步調，試著慢慢轉移一部分權力和職責。一年之後，讓他想不到的是這一年的業績竟比以往任何一年都好。

其實，人除了工作，還要學會優閒地生活，什麼事都要拿得起放得下，沒有你，地球仍然會旋轉，沒必要把自己搞得緊張兮兮的，弓若長期繃著就會失去彈性變得毫無用處，人也一樣。

第 **1** 章 學會寬容，替自己種下善因

第2章 懂得付出，
自己就會成為幸運兒

contents

第**3**章 面對鏡子，給自己一個微笑

第4章 追求完美， 不要追求太完美

第 **5** 章　只要活著，就會有奇蹟出現

contents

第一章

學會寬容，
替自己種下善因

愛情保險

> 臉上的快樂，別人看得到，
> 心裡的痛，又有誰感覺得到。
> 愛情像一面鏡子，勤擦拭自然就天天明亮如新。

　　英國有一保險公司職員突發奇想，辭職後與幾位志同道合的朋友開辦了一家愛情保險公司。凡欲投保的夫妻，在填完相應的表格後，每月只須繳納五英鎊的保費，便可成為公司的愛情保護對象了。

　　公司保險合同鄭重承諾：凡在投保期間能保持和睦相處二十五年的夫妻，可一次性獲得保險金五千英鎊。另外，在保險期內，如果夫妻雙方不和，在保險公司調解無效的情況下，公司可一次性支付被遺棄一方的保險金三千英鎊。公司一開張，投保者有年輕夫妻，也有白髮蒼蒼的伴侶，生意十分紅火。看來，婚姻的危機並無國界與年齡之分。

態度決定一切

> 個性改變命運，態度決定一切。
> 常懷樂觀的心態，才有勇氣去面對失敗；
> 常懷樂觀的心態，才有自信去創造美好的未來。

　　一家速食連鎖店要招聘一批年輕送貨業務員，條件要求很尋常——高中以上學歷，品格好，吃苦耐勞等等，但開出的月薪卻很驚人。公司的電話幾乎被打爆了，上門應聘者如雲。

　　其實，很多人只是抱著試探的心理來觀望的，他們懷疑這是一次炒作。老闆說：「我所需要的是那些信任我公司、真正需要這份工作的人，讓那些懷疑者慢慢散去吧！」

　　於是，人事部門按老闆的指示，給所有的應聘者一個相同題目——**你信任我公司嗎？**

　　為什麼？很多應聘者當場笑道：「是不是個小遊戲？」

　　一週後，按照指定時間回來交答卷的應聘者，只剩下差不多一半人數。

　　老闆很高興，又出了個題目給這些人——**你是否受過太多的傷害和欺騙？為什麼？**

　　很多應聘者不滿地問：「你們是做社會調查，還是要人？」

　　一週之後，回來交卷的應聘者又少了一大半。

　　老闆聽了很高興，於是他親自面試這批人——「**你願意在我們公司幾年？**」

這次招聘測試不過三個簡單問題，而應聘者卻從最初的一千多人銳減至四十人，並非考試刷下那九百多人，而是他們大多主動放棄了。而最後留下的四十人回答這三個問題時，也都驚人地相似——

　　一、我信任你們公司，因為我需要這份工作；

　　二、我很幸運沒有受過什麼的傷害和欺騙；

　　三、我願意在公司做到我能夠自己開店的那一天。

　　老闆讚賞道：「這些人坦誠而富有耐心，他們心中有陽光，因此認為世界是光明的。我們公司需要這種樂觀主義者，他們的心態將為公司注入新的活力，這種活力要比工作本身更為重要。而且啊！這些新進的員工，有朝一日將成為我們的新股東！」

鎖鏈

> 我們花了很多時間爭取財富，卻少有時間享受；
> 我們有越來越大的房子，但越來越少的人住在家裡；
> 征服了外面的世界，對自己內心世界卻一無所知⋯⋯

　　有一位禁慾苦行的修道者，準備離開他所住的村莊，到無人居住的山中去隱居修行，他只帶了一塊布當衣服，就一個人到山中居住了。

　　後來他想到當他要洗衣服的時候，他需要另外一塊布來替換，於是他就下山到村莊中，向村民們乞討一塊布，村民們都知道他是虔誠的修道者，於是毫不考慮地給了他一塊布，作為換洗用的衣服。

　　當這位修道者回到山中之後，他發現在他居住的茅屋裡面有一隻老鼠，常常會在他專心打坐的時候，來咬他那件準備換洗的衣服。他早就發誓一生遵守不殺生的戒律，因此他不願意傷害那隻老鼠，便向村民要一隻貓來飼養。

　　得到了貓之後，他又想到了：「貓吃什麼呢？我並不想讓貓去吃老鼠，但總不能跟我一樣只吃一些野菜吧！」於是他又向村民要了一頭乳牛，這樣那隻貓就可以靠牛奶生活。

　　但是，在山中居住了一段時間以後，他發覺每天都要花很多的時間來照顧那頭乳牛，於是他又回到村莊中，找了一個流浪漢，帶這個無家可歸的流浪漢到山中居住，幫他照顧那頭母牛。

流浪漢在山中居住了一段時間後，他跟修道者抱怨：「我跟你不一樣，我需要一個太太，我要正常的家庭生活。」

　　修道者想一想也有道理，他不能強迫別人一定要跟他一樣，過著禁慾苦行的生活……

　　這個故事就這樣演變下去。半年以後，整個村莊都搬到山上去了。這其實正是發生在我們身邊的故事：欲望就像是一條鎖鏈——一個牽著一個，永遠都不能滿足。

　　然而，真正可悲的是：人們永遠都會為自己的欲望，找到十分完美的藉口。

每天抽出一小時

> 你是一個忙碌的人嗎？
> 你自認為成就有多大？
> 你為什麼捨不得給自己一點時間？

世界織布業的巨頭之一威爾福萊特，儘管每天非常忙碌，在他為事業奮鬥了大半輩子時，他總感覺到自己生活中缺了點什麼東西似的，於是他選擇了畫畫，每天從百忙中抽出一個小時來安心畫畫，他不僅在事業取得了輝煌的成就，在畫畫上也得到了不菲的回報——多次成功地舉辦了個人畫展，而且他的油畫還十分招人喜愛。

威爾福萊特在談起自己的成功時說：「過去我很想畫畫，但從未學過油畫，我真不敢相信自己會有多大的收穫。可我還是決定學油畫，無論做多大的犧牲，每天一定要抽一小時來畫畫。」

威爾福萊特為了保證這一小時不受干擾，惟一的辦法就是每天早晨五點前就起床，一直畫到吃早飯。

威爾福萊特後來回憶說：「其實那並不算苦，一旦我決定每天在這一小時裡學畫，每天清晨這個時候，渴望和追求就會把我喚醒，怎麼也不想再睡了。」他把閣樓改為畫室，幾年來他從未放棄過早晨的這一小時，而時間給他的報酬也是驚人的。

他的油畫大量在畫展上出現，他還舉辦了多次個人畫展，其中有幾百幅畫以高價被買走了。他把這一小時作畫所得的全部收

入作為獎學金，專供給那些搞藝術的優秀學生，「捐贈這點錢算不了什麼，只是我的一半收穫——從畫畫中我所獲得的啟迪和愉悅，才是我最大的收穫！」

記得富蘭克林・費爾德精闢地說過這麼一句話——「成功與失敗的分水嶺可以用這麼五個字來表達——我沒有時間。」

是呀，有多少成功人士是隨隨便便就成功得了的？又有誰不是在充分利用每一個小時呢？

每天固定要擠出一個小時，不僅需要一個人有決心和恆心，關鍵還在於如何設法得到這一個小時，並且有效地利用它。但抓住這點時間，或許就能使你的心靈變得更美，生活更有情趣，生命更有意義。

三根樹枝

> 不要只看到自己所缺失的東西，
> 而一天到晚汲汲營營地追逐，
> 要細數自己身邊所擁有的財富。

一個年輕人受了極大的挫折想自殺。入夜後，他極度悲傷地帶了條繩子，獨自一人來到樹林裡爬上樹想上吊。當他把繩子綁在樹枝上後，樹枝說話了：「親愛的年輕人，別在我身上吊死吧！有一對小鳥此時正在我的枝頭築巢呢！我有責任保護牠們。如果你在我身上上吊，我就會折斷，鳥巢也保不住了，請你原諒我，並且也可憐可憐那對小鳥吧！」

年輕人聽了，體諒了它的愛心，就放棄了這根樹枝，爬上了更高的另一根樹枝上，可是當他把繩子綁上去時，這根樹枝也說話了：「年輕人，請你諒解我吧！春天就要到了，不久以後我就要開花，成群的蜜蜂會飛來嬉戲、採蜜，這會帶給我極大的快樂，如果你在我身上上吊，我就會被折斷到地上，花蕾也會被摧殘而死，那麼蜜蜂們會非常的失望！」

年輕人聽了，只好默默地攀上了第三根樹枝。「原諒我吧！」他還沒綁繩子呢，樹枝就開口了：「年輕的朋友啊！我自己正遠遠地伸到路上，目的就是想讓疲憊的旅行者，在我的底下得到一些蔭涼，這帶給我很大的快樂，如果你吊死在我身上，會使我折斷。以後，我再也不可能享有這種喜悅了！」

這時，失意的年輕人沈思了一會，他問自己：「我為什麼要自殺，只因為我承受痛苦嗎？難道我就不能學學這些樹枝，用我的生命去幫助別人，去為別人服務嗎？」

一念之間，他把自己的焦點，由自己身上轉向了無數他所認識的需要幫助的人身上……

他從三根對他說話的樹枝上各折了一小段細枝，爬下了樹，快快樂樂離開了。

他一直保存著這三根樹枝，也終身履行三根樹枝的精神，再也沒有被挫折壓垮過。

不必只在意自己受了什麼傷害、委屈，承受了多少重擔、壓力，結果只能愈來愈缺乏活力，愈來愈委靡不振。將目光從自己身上轉移出去，就像那三根樹枝一樣，多注意別人的需求，以幫助別人、使別人得到益處為志向，擺脫絕望的糾纏——如此，眼界將會逐漸寬廣，生活自然日益豐富，生命也將日益蓬勃。

生命潛能

**不要認為自己做不到，
生命的潛能有無限的可能。
所以，不妨展開身手試試！**

　　有一個美國的棒球好手，在一個陽光燦爛的日子帶著孩子去郊遊。在一家農場的莊園裡，他們參觀了一個養雞場。奇怪的是在這個雞圈裡，卻有一隻鷹混雜在其中。

　　按理說，鷹是抓小雞、吃小雞的，在美國，鷹是成功的象徵。棒球好手覺得非常奇怪，就問莊園的主人。

　　主人告訴他：「這隻鷹我把牠從野外拾回來的時候還只是一個蛋，是放到雞圈裡孵出來的，和雞在一起長大的，生活習慣了，慢慢地就不會飛了。」

　　棒球好手就跟莊園主說：「我可以買下這隻鷹嗎？」

　　莊園主答道：「你喜歡就送給你吧！」

　　棒球好手把鷹抱在手中，來到一塊草地上，對鷹說：「鷹啊，你是屬於藍天的，去飛吧！」一丟，鷹落了下來。拾起來又一丟，又落了下來；再丟，再落下來，那隻鷹就是飛不起來。

　　於是，棒球好手開車把牠帶到一個懸崖峭壁上，對手中的鷹說：「鷹啊鷹，你得清楚地知道，你不是雞，你應該是搏擊長空的鷹，藍天才真正屬於你。現在，我把你從高處丟下去，可能會讓你送命，那麼，在摔下去的時候，就看你能不能飛起來！」

說完，就把鷹使勁一丟，誰會想到，就在那隻鷹急速下墜，就在牠生命行將結束時，牠強迫自己張開雙翅，終於飛起來了。

那隻鷹是幸運的，在生命危急之際，總算激發出生命的潛能，學會了飛翔——這本來就應該屬於牠的生存方式，牠最終能同牠的同類一樣搏擊長空、萬里遨遊了！

人也是一樣，不要因為只是遭受到一點小挫折或不如意，就輕言放棄，生命就是要用努力去逼它，把它逼出潛力來，因為我們都有無限的可能！

六分鐘培養一個愛

> 先懂得珍惜身邊的人，
> 再去關懷我們周遭的一切，
> 只要有心，愛就無所不在。

心理學教授走進教室，提著一籃黃橙橙的橘子，引得大家垂涎欲滴。

每人分到一個橘子，並被要求觀察五分鐘。「不就是一塊扁圓扁圓的黃皮嗎？有什麼可看的？」眾學生心裡直犯嘀咕。可凝視片刻，「蛛絲馬跡」越發昭然——小疤疤、白斑點！褐色的黑點！初看圓咕隆咚的表皮越看越有點變形！

五分鐘後，十五個橘子被收集到一塊兒，教授讓大家閉上眼睛，撫摸橘子一分鐘，再從混雜的橘堆中，憑感覺找出自己剛剛拿過的橘子，但找對的寥寥無幾。緊接著，教授讓大家睜開眼睛去找，這回只有三位找不到。同學們在嬉笑爭辯之中拿回了自己的橘子，就像是找回了一件自己心愛的寶貝。

不知是故意安排還是機緣巧合，橘如其人。年輕漂亮的古麗娜同學分到的橘子光滑圓整、成色勻淨、皮薄而有彈性；面對皮厚硬實、疤痕累累的老橘子，最年長的學生、四十多歲的李女士卻悟到——雖然它的表皮坑坑窪窪，如我人老珠黃，但我堅信經過風吹雨打，它的內瓤更為豐盈甜美。

最後，教授宣布該是盡興品嘗橘子的時候了，大家都摩挲

著，剛剛和他們共度快樂時光，給他們啟迪的橘子，怎麼捨得立刻就吃掉呢？

六分鐘就和橘子培養了如此濃厚的感情，更何況共處一天，一年甚至一輩子有感情的人呢？

因此，以下有幾種人你必須珍惜：

1. 珍惜會常常主動打電話給你的人。
2. 珍惜每次你難過就會鼓勵你的人。
3. 珍惜經常開你玩笑逗你高興的人。
4. 珍惜每天會發信息（LINE或微信）給你的人。
5. 珍惜你心情不好，他馬上就會查覺到的人。
6. 珍惜能幫你，絕不皺個眉頭的人。
7. 珍惜你受委屈，會為你打抱不平的人。
8. 珍惜老是默默在身邊陪伴你的人。

盲目的追求

多餘的裝飾是累贅，
原本的簡單就是美。
人生也是一樣，自然就是美。

由於業務上的需要，我最近換了一部進口車子。

新車買回來的當天，司機說想趁在窗玻璃還沒有一點摩擦的痕跡之前去加一層隔熱紙，我說主意不錯，然後又安排司機貼上隔熱紙之後，再去找一家店，為真皮座椅做一副椅套。

司機為了與整個儀表板的顏色相諧調，跑了好幾家商店，最後選定了一種淺啡色與深啡色相間的方格布。一週後，我坐進加了保護椅套的車裡，感覺就像是坐進了浴室裡的大洗衣筐，那種感覺怪異得讓我無比難受。

就在我慢慢變得適應了的時侯，一天上午，我從辦公樓下來，向停車的位置走去。遠遠看見，車門大開，司機整個上身都伏在車座上，兩隻手臂一上一下正在環抱著椅背，艱難地繫住鬆脫了的椅套繩結。

好不容易等他繫好之後，我們出發了。車開出將近一百六十公里，我們到達了要前往辦事的另一個城市之後，才發現我們要辦的事情──那套要修正的模具與需要修正後重簽的合約，並沒有帶上。

無法控制地大發一陣脾氣之後，我們只能原路返回。

途中，我開始慢慢平靜下來審視自己，作為一個管理者，發生這樣的漏洞，說明了我的管理是多麼不完善！

作為一個企業的體系，員工的注意力不在工作上，這樣的企業能有什麼前途？作為一個老闆，我的心思不在如何把企業做好做大，而是老想著如何給車座加個保護套，是不是？將來有一天生意做垮了，賣車時也能賣個好點的價錢……

當時，我讓司機把車停到路邊，扯去了車座上多餘的的椅套。告訴他，以後就不必再把心力浪費去照顧這些椅套了。

煩惱即菩提

其實，生活中的許多煩惱，
並沒有我們想像的那麼可怕！
只要學會怎樣梳理它就可以了。

帕華洛帝三十歲那年的初夏，他應邀來到法國的里昂參加一個演唱會。

他提前一天趕到里昂，晚上就在歌劇院附近的一個小旅館裡住了下來。

由於旅途的勞累，帕華洛帝感到很疲倦。但為了不影響第二天的演出，他便提早入睡了。沒過多久，就被隔壁房間傳來的嬰兒啼哭聲吵醒了。他原以為孩子哭幾聲也就停止了，可萬萬沒有想到，那孩子竟一直大哭不止。

帕華洛帝用被子蒙住頭，可那啼哭聲彷彿是具有魔法的歌聲，頗具穿透力，仍不停地在他耳畔縈繞，這讓帕華洛帝十分苦惱。這樣折騰了將近半個多小時後，他只好披著被子在地板上踱來踱去，心中一次次祈禱著孩子的哭聲趕緊停止。

可那個孩子好像根本沒有要停止的意思，而且每一聲都跟第一聲一樣洪亮，無奈之下，帕華洛帝索性把孩子的哭聲當成了歌聲來聽，漸漸地他竟佩服起那孩子來，「如果我歌唱了一個小時，嗓子可都要沙啞了，可這孩子的聲音為什麼會依然嘹喨？難道小孩子有什麼了不起的方法嗎？」

如此一想，帕華洛帝立刻變得興奮起來，急忙回到床上，將耳朵貼在牆上，細心地傾聽起來，他發現小孩的哭聲竟然很有學問──孩子哭到聲音快破的臨界點時，會把聲音拉回來，這樣聲音就不會破裂了，這是因為孩子哭的時候是用丹田發音而不是用喉嚨。又聽了一會兒，帕華洛帝也開始學著用丹田發音，試著唱到最高點，並永遠保持第一聲那樣洪亮。

　　就這樣，帕華洛帝練了一整個晚上。

　　第二天的演唱會上，他以飽滿的聲音征服了觀眾，後來成了偉大的歌唱家。

　　《六祖壇經》中有一句「煩惱即菩提」的話，菩提就是開悟、智慧的意思。即「前念著境即煩惱，後念離境即菩提。」意及對眼前的人事物升起了好或壞、有或無等，就是煩惱，但如果念頭一轉，就與前念產生分別、不執著、不計較，那就是智慧了。

幸福在每一秒的呼吸裡

生活中有些東西看不見摸不著，但它卻真實地存在。
就像呼吸，有多少人會注意到呢？
人如果沒有呼吸，就沒有幸福可言了！

　　大四那年的第二學期，由於還差兩個學分，於是我便選修了《心理學》這門課程。

　　授課的先生是一個身材魁梧、滿頭銀髮的老教授。老實說，我對心理學並沒有太大的興趣，我關心的只是那兩個學分，所以，整整一個學期，這門課我只去過兩次——第一次是去交選修卡，交完之後便偷偷從後門逃出去玩了；第二次是這門課最後一堂課，因為根據慣例，通常會點名。

　　最後一堂課快要結束的時候，先生給我們說了這番話，「這是我給同學們上的最後一節課，可我知道，這麼久以來，你們中間並沒有多少人真正學到了我的知識。今天，我將把畢生所學傾囊相授！」緊接著，先生問了大家一個問題——「活在這個世界上，你幸福麼？」

　　教室裡頓時譁然一片，大家議論紛紛。那時候我還沒有找到工作，屬於畢業即失業一族，加之女朋友正在鬧分手，心情糟糕透了，於是，我站起來回答說：「我很不幸福！」

　　先生把我叫到教室前面去，面對大家站在他面前，我依言照做。突然，他用一隻強勁有力的大手緊緊地把我抱住，又用另一

隻手把我的嘴和鼻子捂起來！雖然我剛滿二十歲，正值年輕力壯之時，無奈先生虎背熊腰，無論我怎麼努力，硬是動彈不得，只好任憑他把我死死地捂著，絲毫不能呼吸。

　　等我實在受不了的時候，先生終於鬆了手，笑嘻嘻地問我：「年輕人，現在是不是感覺很幸福呀？」這件事情發生得太突然，充其量就一分多鐘的時候。經過剛才的一陣窒息，我驚魂未定，趕緊大口大口地呼吸開來，果然感覺到一種從未有過的痛快和幸福！

　　面對大家驚訝的目光，先生說道：「同學們，我們這代人經歷的事情比你們多得多，我學心理學學了一輩子，人到晚年，才終於悟到幸福的真正含義——無論世事多麼不順，其實我們每時每刻都是幸福的，因為我們還能夠自由呼吸！」靜默了幾秒鐘後，教室內終於響起了一片熱烈的掌聲！

今天盛開的玫瑰

> 一輩子只一味努力工作掙錢，
> 卻一點也沒學會怎樣去生活，
> 只有活在當下，才能擁有玫瑰的花香。

老家小鎮上有兩個鄰居：王老闆經商，李阿姨務農。王老闆賺了很多錢，李阿姨養育了一個很有出息的兒子，他倆在當地頗有名氣。

王老闆的老婆很想去旅遊，去北京八達嶺看長城，去西安臨潼看兵馬俑。王老闆也想去，他說：「好。等我們賺到足夠多錢的時候，我們就好好地出去遊玩，我們還要去巴黎看艾菲爾鐵塔，去埃及看金字塔。」

那時他只有幾萬塊錢，是少了一點。後來慢慢地有了十幾萬、幾十萬，老婆要去旅遊，他還是說：「等我們賺到足夠多的錢的時候。」到底要賺多少錢才算夠呢？王老闆的錢似乎總也沒有賺夠的時候。

到了晚年，一場疾病奪走了他的生命。他老婆告訴我，他留下的錢財已足夠供他們周遊世界了，可是她連長城和兵馬俑也沒有看到。

李阿姨的兒子還小的時候，她的日子過得很困頓，她的心思都放在兒子身上，自己沒有穿過一件好衣服，沒有吃過一餐像樣的好飯菜，沒有好好地休息過一天。

別人對她說：「妳不要這樣虧待自己，也該自己享受享受。」她說：「是，等兒子長大了。」兒子長大了，她又說：「等他讀完了大學找到了工作。」兒子有了工作，她又說：「等他成了家……」

　　等到一切就緒，終於可以安心享受的時候，她已是一個白髮蒼蒼的老嫗了。她的兒子把她接來城裡。他領她去酒樓吃海鮮，她的牙齒鬆動，吃不了。他領她去劇院觀看精采演出，她老眼昏花，看不清……

　　美國當代演說家卡耐基說：「我所了解有關人性的最可悲的事情之一是，我們全都有把生活挪後的傾向。我們全都夢想著地平線上方的某個神奇的玫瑰園——卻不知享受今天盛開在我們窗外的玫瑰。」

教堂與墳墓

> 人在無助時，一根稻草也能救命！
> 只要心存追求光明的理念，
> 即便是站在墳墓，也可以看見教堂。

　　住在維吉尼亞州的美國朋友，是一位電力工程師，有一天告訴我一個故事。

　　他被通知到維吉尼亞山上的電塔修理電力障礙，於是清晨就出發了。電塔位在很遠的山上，開車八小時才抵達那座山，在山裡繞來繞去，就是找不到那座電塔，天色逐漸暗下來，終至完全黑暗，伸手不見五指。

　　山上既沒有人家，也沒有燈火，他心裡愈來愈著急，心裡想著：「不要急著找電塔，應該先找到一個可以睡覺的地方，一切等天亮再說。」

　　正這樣想的時候，藉著月光，竟看見遠處的山頂上有一個高高的十字架，在黑暗中閃閃發光。

　　他欣喜若狂，立刻驅車往十字架的方向開去，靠近了，才發現是一座建築在荒山的教堂，裡面並無燈光，門也是鎖著的，無法進入教堂借宿。朋友把車停在教堂旁邊，安心地睡著了。「因為心裡覺得上帝就在身邊，那一夜睡得好極了。」

　　在鳥聲中醒來的朋友，探頭一看，才發現不得了，原來他的車子停在一片公墓的中間，四周全是墳墓，墳墓上都是十字架。

一位西方的心理學家說：「你的心態，就是你真正的主人。」

　　一位偉大的哲學家說：「要嘛是你駕馭生命，要嘛是生命駕馭你。你的心態將決定誰是坐騎，誰是騎師。」

　　一個人能否邁向成功，心態至關重要。所以說，無論有多少艱難險阻，只要你擁有積極的心態，堅持自己的信念，使你的心靈保持創造力，成為一個能吸引你所渴望之事物的磁場，那麼，你的信念、理想就一定能夠實現。

　　你一定要保持這種積極向上、奮發有為的心態，任何時候都要相信自己最終必能在事業上取得成功。

快樂是什麼？

> **快樂是很抽象的東西，**
> **說複雜很複雜，說簡單很簡單，**
> **快樂就是：努力工作，然後享受成果。**

　　一群雅典的年輕人向他們的老師蘇格拉底詢問：「老師，快樂到底在哪裡？」

　　蘇格拉底說：「你們還是先幫我造一條船吧！」

　　年輕人們暫時把尋找快樂的事放到一邊，找來造船的工具，用了七七四十九天，鋸倒了一棵又高又大的樹，挖空樹心，終於造成了一條獨木船。

　　獨木船下了水，年輕人們把老師請上船，我們一邊合力盪槳，一邊齊聲唱起歌來。

　　蘇格拉底問：「孩子們，你們快樂嗎？」
　　年輕人們齊聲回答：「快樂極了！」

年年十八歲

> 一份好的心情，不僅僅可以改變自己，
> 同時，更會感染他人，如果你想做一個快樂的人，
> 那麼，你一定要保持十八歲的心情。

　　一次，我去聽來自香港的美容師的美容講座，那位說話清純、滿臉笑容的陳女士頗得我的好感，在講座中她提了這樣一個問題：「請在座的各位猜一下我的年齡？」

　　室內氣氛頓時活躍起來，有的說：「三十二歲。」也有的人猜：「二十八歲。」

　　結果，統統被陳女士微笑著搖頭否認了。

　　「現在，我來告訴大家，我只有十八歲零幾個月。」

　　室內一片譁然，繼而，發出一片不信任的驚詫聲。

　　「至於這零幾個月是多少，請大家自己去衡量吧，也許是幾個月，也許是幾十個月，或者更多，但是，我的心情只有十八歲！」陳女士接著說。

　　原來她用的是「心情美容法」！

從此不再煩惱

> 對於瀕臨死亡威脅的生命來說，
> 只要活著，世界上任何煩惱和憂愁，
> 都會顯得那麼的微不足道。

一九四五年三月，羅勃・摩爾在一艘美國潛艇上擔任瞭望員。一天清晨，隨著潛艇在印度洋水下潛行的他，通過潛望鏡，看到一支由一艘驅逐艦、一艘運油船和一艘水雷船組成的日本艦隊正向自己逼近。潛艇對準走在最後的日本水雷船準備發起攻擊，水雷船卻已掉過頭來，朝潛艇直衝過來。原來空中的一架日機，測到了潛艇的位置，並通知了水雷船。潛艇只好緊急下潛，以便躲開水雷船的炸彈。

三分鐘後，六顆深水炸彈幾乎同時在潛艇四周炸開，潛艇被逼到水下八十三公尺深處。摩爾知道，只要有一顆炸彈在潛艇五公尺範圍內爆炸，就會把潛艇炸出個大洞來。

潛艇以不變應萬變，關掉了所有的電力和動力系統，全體官兵靜靜地躺在床鋪上。當時，摩爾害怕極了，連呼吸都覺得困難。他不斷地問自己：「難道這就是我的死期？」

儘管潛艇裡的空調都關掉了，溫度已高達三十六℃以上，摩爾仍然冷汗涔涔，披上大衣牙齒照樣碰得格格作響。

日軍水雷船連續轟炸了十五個小時，摩爾卻覺得比十五萬年還漫長。寂靜中，過去生活中無論是不幸運的倒楣事，還是荒謬

的煩惱都一一在眼前重現——

摩爾加入海軍前是一家銀行的職員，那時，他總為工作又累又乏味；抱怨報酬太少，升遷無指望；煩惱買不起房子、新車和名牌服飾；晚上下班回家，因一些瑣事與妻子爭吵。這些煩惱事，過去對摩爾來說似乎都是天大的事。

而今置身這墳墓般的潛艇中，面臨著死亡的威脅，摩爾深深感受到，當初的一切煩惱顯得那麼的荒謬。他對自己發誓——只要能活著看到日月星辰，從此再也不去煩惱了。

日艦扔完所有炸彈終於開走了，摩爾和他的潛艇重新浮上水面。戰後，摩爾回國重新參加工作，從此，他更加熱愛生命，懂得了如何去幸福地生活。對於生命來說，世界上任何煩惱和憂愁，都是那麼的微不足道。

站到適合你的位置上

> 人生如果站錯了位置，
> 那結果將是事倍功半或一事無成。
> 所以說，只要你站對了，你的世界也會對了。

一粒百合花籽，意外地落在麥田裡。花籽發芽了，抽出了修長的莖和葉，又孕育出了花蕾，開出了潔白的花。

看看周圍都是千篇一律的麥苗，百合十分驕傲：「看看你們，都是凡俗的麥苗，你們的價值也就是結出幾穗麥子，成為人類的食物。而我呢？是高貴的百合，是純潔的象徵，你們誰都不能跟我相提並論……」

百合揚揚自得，麥苗卻一言不發。這時，一個農夫走了過來。他對花卉沒有研究，眼裡只有他的莊稼。美麗的百合對於他，不過是一株和莊稼搶水肥、爭陽光的雜草。他隨手拔掉百合，扔到田埂上去了。

——我相信你很優秀，你周圍的人都比不上你。也許你是一株百合，但你是不是錯長在了麥田裡？長在麥田裡的百合，就只是雜草。朋友，還是認真想一下——到底適合自己的位置在哪裡吧！

一粒沙也可以變成珍珠

有夢最美，希望相隨。
你不僅要敢於夢想，還要善於行動。
沒有夢的人生，沙子永遠是沙子。

　　浩瀚的大海洋裡，有一粒沙子，一粒普普通通的沙子，和億萬沙子相比，它看起來並沒有什麼不同。但是，它也有自己的理想。它的理想就是，成為一粒晶瑩的珍珠。

　　別的沙子都在笑話它，說它白日做夢。它卻從沒有放棄夢想，放棄努力。

　　海底的水是流動的。它借助水流，緩緩移動著身體，終於接近了一隻蚌。後來又隨著水流，進到了蚌的體內。

　　蚌受到了沙子滾動的刺激，於是便分泌出珍珠質，把沙子層層地包裹了起來。

　　許多年以後，有人撈起了這隻蚌，他們在蚌體內，發現了一顆碩大的珍珠，光彩奪目、亮麗非凡。

　　珍珠被鑲在帝王的皇冠上，受到萬人稱頌。而當年嘲笑過它的那些沙子，還埋在幽深黑暗的海底，仍然是普普通通的沙子，沒有絲毫改變。

百獸之王

> 明明不適合，卻緊緊地抱住，
> 其實懂得捨棄，知道自己的餘裕，
> 才是人生開悟的大境界。

山中老虎做大王，猴子是宰相，處理事務頗受虎王信任。

後來虎王病危，遺命猴子做了百獸之王。

猴子大權在握，志得意滿。

但沒過幾天，猴子就再也笑不出來了。

原來牠只是適合出謀劃策，並沒有老虎嘯動山林、震懾群獸的威風。不要說大象、獅子之類的猛獸不服牠，就連狐狸、羚羊之類的小動物，也敢時時頂撞於牠。猴子沒半點辦法可想。這百獸之王做得無趣無味之至。

猴子畢竟還是聰明的，牠召開百獸大會，宣布自己擔當不了大王的重任，讓大家重新推選百獸之王。結果，大象做了大王，猴子還是宰相。

在宰相這個位置上，猴子得心應手。

有些位置是很顯赫，是很榮耀，但是不適合自己啊！硬要在不適合自己的位置上待著，別人看著難受，自己更是難受。不如退一步吧，依舊站到適合自己的位置上，多麼逍遙自在。

扛槍的猴子

得意忘形最容易出醜，
在任何情況下，都不要忘記自己是誰，
否則，只會授人以笑柄。

一隻猴子在獵人遺棄的木屋裡，發現了一支老舊破爛的獵槍。猴子知道這種能夠噴火的玩意兒很厲害。

於是，猴子欣喜若狂地把槍扛在了肩上。猴子覺得自己瞬間威武了許多，動物們見了牠無不俯首稱臣，這使牠膽子更壯了，扛著槍闖進了一座城市。

人們在喧鬧的大街上發現了這隻不可一世的猴子。由於牠扛槍的樣子十分滑稽，逗得圍觀的人哈哈大笑。猴子見人非但不怕牠，特別惱火，便把槍口對準了人群。

這時，猴子猛然想起──牠根本不會打槍。於是，猴子倉皇地逃離了城市，回到屬於牠的山林去了。

老虎、獅子與企鵝

> 不要在你完全陌生的領域裡逞強，
> 找到適合自己的地方，
> 才能發揮自己的長處。

老虎和獅子同時到了寒風凜冽、滴水成冰的南極洲，牠們一見面就開始爭吵，原因是大家都想當大王。儘管牠們凍得瑟瑟發抖，連說話都有困難。在牠們準備大動干戈時，從圍觀的企鵝中踱出一隻小企鵝對牠們說：「兩位大王這樣吵下去實在無聊，不如比點什麼，很快就能分出高下。」

「你說說看，比什麼好呢？」老虎、獅子感興趣地問。

「『石頭』、『剪刀』、『布』會嗎？」

「連田鼠都會，也未免太小看我們了。」老虎和獅子異口同聲道，露出了不屑一顧的表情。

讓老虎、獅子難堪的是，他們出手幾十次也沒見分曉。他們這才知道，自己的爪子雖然厲害，能一擊致命，卻只能出「石頭」，根本出不來「布」和「剪刀」。

小企鵝說：「你們總是『石頭』、『石頭』的，『石頭』即使從南極搬到了北極，也不會有結果，得換個比法。」

「怎麼比呢？」老虎、獅子又同時問。

「我們都是木頭人，會不會？」

「烏龜都會的遊戲，我們豈能不會。」

小企鵝微笑著說：「既然都會，那比賽開始。」

　　「我們都是木頭人，不許說話不許動！」老虎、獅子喊過後便盯著對方一動不動。

　　一個小時過去，他們一動沒動；兩小時過去，牠們連眼睛都沒眨一下；天快黑了，牠們的眉毛、鬍鬚都結了冰霜。

　　這時，小企鵝又對牠們說：「這個比法太慢，得換個立竿見影的比法，現在我踢你們一腳，就一腳，如果誰能一動不動，誰就是大王。」見老虎、獅子都沒反應，小企鵝接著說：「既然都不吭聲，就是默認。」小企鵝說著使勁踢了老虎一腳，老虎搖了幾搖，「通」的一聲倒下了。

　　「獅子大哥，該你了。」小企鵝邊說邊猛地給了獅子一腳，獅子晃了兩晃，「通」的一聲也倒下了。小企鵝轉身問一隻老企鵝：「都倒下了，爺爺您看他們還能不能做大王？」

　　「我看不能，即使他們不倒下，也不能。」

　　「為什麼？」小企鵝接著問。

　　「原因很簡單，這裡既不是他們稱王的草原，也不是他們稱霸的森林，而是南極啊！」

保持自己的本色

> 如果你不能成為一棵大樹，就做一叢灌木；
> 如果你不能成為一叢灌木，那就做一棵小草吧！
> 扮演什麼角色都可以，但要活出本色。

　　美國歷史上重要的作曲家之一──歐文‧柏林，在他剛出道的時候。一個月只有一百二十美元的薪水。而當時的奧特雷在音樂界已如日中天，名氣很大。

　　奧特雷很欣賞柏林的能力，有一天他就問柏林要不要做他的祕書。薪水在每月八百美元左右。

　　「如果你接受的話，你可能會成為一個二流的奧特雷；如果你堅持自己的本色，總有一天你會成為一個一流的柏林。」奧特雷很好意地忠告他。

　　歐文‧柏林接受了這個忠告。後來他成為美國最著名的作曲家之一。他不僅獲得了奧斯卡金像獎，也拿下了兩次東尼獎，另外，他還獲得了葛萊美獎的終身成就獎。

別人的天堂

> 不要老是張望著別人的彩衣，
> 而忘了自己身上能夠保暖的棉衣。
> 有時候，別人的天堂或許正是自己的地獄。

有兩隻畫眉鳥，一隻在樹林裡飛來飛去自由自在；一隻在籠子裡跳上跳下終日無憂，但牠們互相羨慕對方的自由和安逸，於是互換了位置。

可惜好景不長，兩隻畫眉鳥相繼死去。走進籠子的那隻畫眉鳥困在狹小的空間裡，因心境消沈憂鬱而亡；走出籠子的那隻畫眉鳥，也因為沒有捕食的本領，只能望天興歎，最終饑餓而死。

其實，這兩隻畫眉鳥都犯了一個共同的致命的錯誤——望著別人的碗，丟了自己的碗。這山望著那山高，總是以為別人碗裡的是好東西，自己碗裡的就是不如別人的。

請放低你的位置

> 只會抱怨的人，終日無所事事，
> 最後他將被所有人拋棄厭煩。
> 與其不停抱怨，不如放下身段好好學習。

　　有一個年輕人，對事業的不滿和內心的不平衡一直在折磨著他。直到一個夏天與他的同學尼爾尼斯乘船出海，才讓他懂得了許多他以前不明白的東西。

　　尼爾尼斯的父親是一個老漁民，他的打魚生涯已有幾十年了，這個年輕人看著他那從容不迫的樣子，心裡十分敬佩。

　　年輕人問他：「您每天要打多少魚？」

　　老人說：「孩子，打多少魚並不是最重要的，關鍵的是只要不空手回去就可以了。尼爾尼斯上小學的時候，為了繳清學費，我不得不想著多打一些，現在他畢業了，我變得輕鬆了，也沒有多少奢望了。」

　　年輕人若有所思地看著遠處的海，突然想聽老人對大海的看法。他說：「海真的是非常偉大，滋養了世界那麼多的生靈。」

　　老人說：「那麼你知道海為什麼是那麼的偉大嗎？」

　　年輕人不敢貿然接話，於是便沈默不語。

老人接著說：「海呀！它能夠容納那麼多的水，關鍵是因為它的位置最低的緣故。」

「位置最低，位置最低……」年輕人細細地琢磨著。

因為我們年輕，心中擁有理想的抱負，當理想抱負實現不了時，就會抱怨我們的工作不好，條件太差，所以讓自己無法施展才華等等，而陷入自己設定的困境之中。朋友，請把自己的位置放得低一些，就像大海一樣，也許只有突破這些之後，你才能取得令人羨慕的成就，才能擁有美好的未來。

沒有人會將就你

不論你位高位低，在這個競爭激烈的社會裡，
沒有人會將就你，只會把你當成自以為是的笨傢伙。
扮什麼角色，就要好好演活了那個角色。

讀書的時候，每每陌生人問起是哪個系的，我總會一昂下巴，極驕傲又極清晰地說：「外語系。」後來找教書的工作，試教結果得了第一，臨簽約的時候，看到身邊的朋友大都思量再三，又被單位幾次打電話追問之後，才決定是否簽約；突然地也想擺擺架子，就說：「我還是再考慮一下吧！」

旁邊一位聽我們試講的女英語老師笑了笑，用不高但卻堅定的語氣慢慢地說：「其實，第一名和第七名的成績又有多少差別呢？況且，當妳開始工作了，妳就會發現，教外語和教體育的老師，是絕對平等，不分高低貴賤的；沒有一個人，會因為妳是外語系的，妳試講第一，妳教的科目又重要，而高看妳一眼。對於教務主任，他只注重妳教學的成績；對於學生，他只關心妳是否是一個稱職的老師。每一個人的過去，在他開始一個新的目標的時候，其實無形之中，都被別人重新歸零。」

這些話，對於一個原本把自己抬得很高的外語系學生來說，是極打擊自信心的；可是，它們卻是我離開校園踏入社會之前，聽到的最好的一堂課。

又有一次，業餘時間去做促銷小姐，賣化妝品。剛開始，總

覺得自己是個大學生，往人前一站，氣質形象就高出身旁那些初中畢業的女孩子們一大截，因此認為無須大聲小聲的叫賣，只須用絕對標準的普通話招呼走到身旁的顧客兩聲，也是可以吸引路人的眼光的。

可惜事實並非如此，人群紛紛湧向那些喋喋不休又笑得比哈密瓜還甜的女孩子攤前，反而我這「高材生」面前，卻是門庭冷落車馬稀。

領班見了怒沖沖地走過來，兜頭就是一盆涼水：「妳以為妳是大學生，天之驕子，就高人一等，不用張嘴說話，就有人來買妳的東西嗎？告訴妳，即使妳把妳的身分學識高高地寫在腦門上，也是毫無用處的！在這兒，妳的身分只是一名普普通通、用嘴皮子混飯吃的促銷小姐，沒有任何一個顧客，會因妳的地位，而將就妳。」

記住自己的角色

> 人不是活在表演中，
> 在舞台卸妝之後，
> 人們就要返回自己的本色。

　　有一天晚上，皇宮裡舉行盛大宴會，女王維多利亞忙於接見王孫貴族，卻把她的丈夫阿爾倍托冷落在一邊。阿爾倍托很生氣，就悄悄地回到了臥室。不一會有人敲門，房裡的人冷靜地問道：「誰？」

　　敲門人昂然答道：「女王。」

　　門沒有開。敲門人又敲了幾下，房裡人又問：「誰？」

　　這回敲門人和氣地答道：「維多利亞。」

　　可是，門依然緊閉。維多利亞氣極了，想不到以英國女王之尊，竟然敲不開一扇門。她帶著氣憤的心情走開了，可是走了一半，想想還是又回去了。

　　於是，又回到門前，這次她心平氣和地說：「你的妻子。」門開了。

第二章

懂得付出，
自己就會成為幸運兒

願望

> 只會用自己的想法去考量別人的立場，
> 這是不切實際、也是錯覺的思維。
> 這就像有些人只會逃避現實，而不去面對自己一樣。

有一個年邁的石匠，意外地獲得了一塊魔石。

那是一塊會說話的魔石，它說：「我可以幫你實現一生中的三個願望！」

老石匠思索了半天，他想到自己辛苦操勞了大半輩子，生命很快就要燃盡了。於是，他就說：「讓我變成山中的一棵青松吧。那麼我的生命就可以萬古長青了。」

魔石就滿足了老石匠的第一個祈願，使他變成了一棵青松。可這時，卻突然刮來一場龍捲風，雖然老石匠變成的那棵松樹倖免於難，但是當他注視著那些被連根拔起的樹木，仍心有餘悸地說：「讓我變成大山吧，大山的生命才是更長久的！」

魔石又滿足了老石匠的第二個祈願，使他變成了一座大山。此時，老石匠才剛想閉上眼睛，安然地睡上一覺，卻從身後傳來「叮叮、噹噹」鑿石的聲音，原來是有一群石匠正在山下採石，而整座山也已經被開採出一個巨大的缺口了。

老石匠驀然省悟到了，原來自己的生命是控制在那群石匠的手中啊。他迫不及待地喊出聲：「魔石，魔石啊！還是讓我重新做個石匠吧！」

善與愛的價值

> 只要有人付出愛，付出行動，
> 讓被愛的對象看到自己的不足，
> 或許就能改變一切！

有一位新老師被安排在一所貧民區的小學教書。第一天上課，她發現班上有個女孩長得相當清秀，但全身卻髒兮兮的。

她每天耐心地為這小女孩洗臉，發現臉洗乾淨後，顯得精神多了。她猜想家長一定為養家糊口而奔忙勞碌，無暇顧及孩子的生活起居，她很想去跟家長談談，卻一直抽不出時間來。但她心裡一直惦記著這一件事，很希望能想個辦法來幫助這個孩子和她的父母，又不致傷害他們的自尊心。

有一天，她買了一件藍色的裙子送給小女孩，小女孩開心地帶著全新的裙子回家。她的爸爸看到，覺得女兒髒兮兮的，穿上那麼乾淨漂亮的裙子，顯得極不協調，就請妻子將女兒徹底清洗了一番，穿上藍裙子。

他突然發現，原來自己的女兒長得真可愛，只是以前一直穿著襤褸，蓬頭垢面，所以看不出來，如今藍裙子一穿，竟然面目一新。

這位爸爸環顧四周，發現這個髒亂的家實在配不上清秀可愛的女兒，就花了幾天的時間將家裡打掃得乾乾淨淨，標緻的女兒在窗明几淨的家中，果然順眼多了。但是，他一跨出家門，看到附近垃圾成山，藏汙納垢，又覺得不順眼了，這麼整潔的家，應該處在什麼樣的社區裡呢？

　　於是，他發動全家人，開始打掃住家附近的環境。又發現乾乾淨淨的居住環境住起來還是有尊嚴和舒服的。左鄰右舍看到他這麼勤勞，也看到打掃的成果，嘖嘖誇讚。他們已經習慣住在髒亂中，不知道乾淨的感覺是什麼，一下子只是感到新奇，但是一走進自己家門，看到家中髒亂，就覺得真是礙眼，也紛紛打掃起自己的家園。當然，也注意到乾淨的家中應該住什麼樣的人，啊哈，對了，乾乾淨淨的人。

　　就這樣，經過隣里居民的一起努力，幾週之內，這個原來醜醜得像貧民區的社區，已經煥然一新！

守燈塔的人

> 寂寞的燈塔，只為了指引迷途的船隻。
> 守住燈塔，也就守住了人的本份。
> 社會就因為有了分工，各行各業才會蓬勃發展。

一個燈塔守護人，在一座孤島上生活了將近四十年。

當他還是一個二十多歲的小夥子時，就隨著伯父來到了這座小島。白天，叔侄倆出海捕魚，在山坡上種些蔬菜，養些雞鴨之類；晚上，就燃起篝火，為過往的輪船引航。

如此日復一日，後來，伯父老了，過去了，他就獨自一人，在孤島上守著這座燈塔。

許多年後，在一個狂風暴雨的夜裡，一艘客輪在燈塔的指引下，安全停泊在了孤島避風處的港灣。船長上岸後，十分感激地對守塔人說：「如果沒有你這座燈塔的指引，我、這艘船，還有全體乘客，早就葬身海底了。為了報答你的救命之恩，我要帶你離開這裡，隨我到世界各地去走走。並且，每月給你二千五百美元的薪水。」

守塔人微笑著搖搖頭。

船長大惑不解：「難道你不想過過比較安逸的日子嗎？」

守塔人平靜地說：「想！但這裡就是我的崗位。十年前，一位遭遇風暴的船長也像你一樣，答應給我二千美元的薪水。可假

如當時我真跟他離開了這座孤島，後來的那些船隻，包括你的這艘，今天還能獲救嗎？」

　　聞聽此言，船長如夢方醒，激動而又慚愧地抱住了守塔人。

　　日本的產品為何優秀，就是日本的工匠發揮了職人精神，所謂的職人（Shokunin）是一種透過自己技術與雙手打造的作品，他們對於自己工作上的產品，嚴苛的要求將近於藝術化，可每次問這些職人，為何如此苛求，回答幾乎都很一致：「我只是盡我的本份！」

　　就是因為我們每個人也都能像職人一般的「盡本份」。所以，我們這個分工的社會才會展現出平衡之美吧！

一塊石頭的價值

**不管是人或物，都有它的價值定位，
心有多遠，我們就能走多遠。
要把自己擺在長遠的路上。**

　　有一天，一位禪師為了啟發他的小徒弟，給他一塊很大很好看的石頭，並讓他去菜市場試著賣掉它。小徒弟拿著這塊石頭正欲出門，師父又補充強調說：「不要真的賣掉它，只須試著去賣它，注意觀察，多問一些人，然後告訴我它在菜市場，到底能賣多少錢。」

　　小徒弟就去了，在菜市場，許多人看著石頭想：「它最多可以把這當作稱量用的秤砣。」於是他們出了價，但只不過幾個小硬幣。小徒弟沒有賣，回來就和禪師說：「師父，它最多只能賣到幾個硬幣。」

　　禪師又讓他拿著這塊同樣的石頭說：「現在你去骨董市場，問問那兒的人，但還是不要賣掉它，光問問價錢就可以了。」

　　從骨董市場回來，這個小徒弟很高興，說：「骨董市場的人真是太棒了，他們竟然樂意出到上千塊錢來買下這塊石頭。」

　　禪師又說：「現在你去珠寶商那兒。」

　　在珠寶市場，小徒弟簡直不敢相信，他們竟然樂意出五萬塊錢來做這筆交易，想到禪師的忠告，小徒弟還是沒敢賣。然而，珠寶商們卻互相抬高價格——他們出到十萬、二十萬、三十萬，

最後乾脆說：「你要多少就給多少，只要你賣！」

　　小徒弟最終還是沒有為之心動，說：「我不打算賣掉它，我只是來問問價格。」其實在內心裡，這個小徒弟自己也不能相信，他想，出這麼高價格的人肯定是瘋了，他認為這塊石頭的價格在菜市場的人看來才是合適的。

　　小徒弟回來之後，把石頭還給禪師，禪師拿著石頭說：「我們不打算賣掉它，我只是想讓你明白，一個物品的價值，主要是看你，看你擺在什麼位置，如果你是生活在菜市場，那麼你只有那個市場的價值定位，那就永遠不會有認識自身更高價值的可能了。」

各盡其責

齒輪有大有小，結合起來，
就能轉動這個社會的軸心。
人不必分彼此高下，只要各盡其責。

刀和磨刀石，有一天，他們一起發現了一個問題：「喂！我們在互相殘殺啊！」

刀說：「是啊！我被你磨得快了，主人就用我砍東西，不快時又磨，越磨越少。這樣下去，總有一天會把我磨沒了！到底我該怎麼辦呢？」

磨刀石說：「我在磨你的時候，我自己也磨損了，原來平平的，現在凹下去了。這樣下去，總有一天我也沒了，又該如何是好呢？」

他們思考了一陣子，想出了一個主意。

第二天，主人又來磨刀。

刀說：「這樣磨下去我就會越磨越少，最後會被磨沒，我堅決不讓磨。我抗議！」

磨刀石也說：「照這樣下去，用不了多久，我也會被磨沒的，我也抗議，堅決不讓磨。」

他們雙手一拍，齊道：「我們聯合抗議！」

主人無可奈何，說：「我尊重你們的意見。不過，刀不快不磨就不能用了，磨刀石不磨刀也就沒有用了，沒用的東西留我之

何用？」說罷，刀和磨刀石被主人扔到院外。

　　不久，經風吹雨淋，刀鏽跡斑斑，磨刀石也落得一身污漬。

　　這時，刀說：「這樣下去我會一層一層地爛掉，失去了我作為刀的價值。」

　　磨刀石說：「這樣時間久了我會被塵土所掩埋，失去了我作為磨刀石的作用。」

　　於是，他們一起回來找主人。

　　刀說：「現在我明白了，我不能成為一塊廢鐵，既然我是刀，就應該做好刀的工作。」

　　磨刀石說：「沒有刀就不會有我，我就是為刀而服務的，磨刀是我的職責。」

　　主人高興地笑了，他先把磨刀石沖洗乾淨，然後把刀蘸上水，開始磨起刀來了。

鷦鶹學藝

堅持一樣，終能有成。
只會隨聲附合，拾人牙慧，
到頭來反而會迷失了自己。

鷦鶹想學一樣既能成名又不費力氣的本領。

牠開始拜雄鷹為師，要當一名飛行英雄。

雄鷹說：「那好吧，你可要吃得起苦啊！」

第二天，雄鷹帶著牠拍著雙翅飛向藍天，然後，把翅膀平伸，一動也不動地在空中練習盤旋技術。一圈，兩圈，三圈，鷦鶹受不住了，雙翅一酸，「忽」地栽到地上，從此，牠再也不願練習飛行了。

牠又向鷺鷥學習潛泳，想做一名游泳健將。

鷺鷥說：「可以，只要你不怕喝水。」

「喝水有什麼了不起？我幾乎天天都到小溪邊喝水。」鷦鶹說著，鼓足了勇氣，緊閉著雙眼，「撲通」一聲就跳進水裡。

哪知道牠使盡了力氣也沈不下去，倒是嗆了不少的水，牠嚇得大叫起來：「不好啦！要淹死我啦！」鷺鷥忙把牠救上岸，牠頭也不回，一溜煙兒跑開了。

後來，牠又要求跟百靈鳥學唱歌，打算當一名令人羨慕的歌唱家。誰知學唱歌也不輕鬆，才練了一天「多、累、咪」，嗓子就跟喝辣椒水一樣地疼起來。於是，牠又改行了……

這以後，鵪鶉跟啄木鳥學過醫學，跟喜鵲學過建築，還跟縫紉鳥學過縫紉，但是，每一件事牠都嫌太費力，太辛苦。到如今，牠什麼也沒有學會，見了人，只好羞愧地拼命往草叢裡鑽。

「寶劍鋒從磨礪出，梅花香自苦寒來。」
大凡有所作為的人，無一不與勤奮有著難解難分的淵源。勤奮鑄就成功。一個人只要勤於工作，就有成功的必然。因此，你應該勤勉地工作，無論碰上什麼壓力，都要展現無比的勇氣戰勝它。

麥地裡的小草

> 不小看自己，也不要自以為是。
> 找到自己的位置固然重要，
> 找準自己的位置則更為關鍵。

一棵小草氣急敗壞地質問著鋤地的農夫：「瞧瞧你都幹了些什麼呀！你了解我們的價值嗎？我們給人類帶來清新的空氣，給大地帶來生命般的綠意，我們保護著堤壩不被雨水沖刷，我們讓世界充滿生機……在千里沙漠，在茫茫戈壁，人們會因為有我們的蹤跡而歡呼雀躍，而現在，你竟然愚蠢得要除去我們！」

但是農夫聽不懂小草的語言，他甚至顧不上仔細看一看這棵小草的模樣，他揮汗如雨，疲憊不堪，一邊揮動著越來越覺得沈重的鋤頭，一邊嘟嘟囔囔地抱怨著：「這些草，什麼地方不好長，偏偏長在我的麥地裡！」

華研國際音樂大中華區總裁何燕玲說：「與人相處，最忌『自以為是』的善意。」人常常會憑著自己的好惡幫別人做決定，結果對方根本不領情，反而遭致反效果。

站在父親的立場

> 小孩耳濡目染，身為父母者不得不慎！
> 常言道：「言教不如身教。」
> 一個父親勝過一百個老師。

在一個陽光明媚的上午，我的朋友——勃比・萊維斯，帶著他的兩個小兒子去高爾夫球場打球。

他走到球場售票處問：「請問門票是多少錢？」

裡面的年輕人回答他：「所有滿六週歲的人進入球場都需要繳三美元，先生。我們這個球場讓六歲以下的兒童免費進入，請問你的兩個孩子多大了？」

勃比回答道：「我們家未來的律師三歲了，我們家未來的醫生七歲了，所以我想我應該付給你六美元，先生。」

櫃檯後的年輕人有點驚訝地說：「嘿，先生，你本來可以為自己節省三美元的，即便你告訴我那個大一點的孩子六歲的話，我也看不出有什麼差別的。」

我的朋友勃比回答道：「對，你的確不會看出其中的差別，但是我的孩子們會知道這其中的差別的。站在一個父親的位置上，我有責任不讓他們小小年紀就學會去欺騙別人。」

「這也會過去！」

> 「萬里長城今猶在，不見當年秦始皇。」
> 任何豐功偉業、任何悲慘遭遇，
> 都無法超越過時間的流逝！

　　古希臘有一位國王，擁有至高無上的權勢、享用不盡的榮華富貴，但他並不快樂。他可以主宰自己的臣民，卻難以操控自己的情緒，種種莫名其妙的焦慮和憂鬱，不時讓他悶悶不樂、寢食難安。

　　於是，他召來了當時最負盛名的智者蘇菲，要求他找出一句人間最有哲理的箴言，而且這句濃縮了人生智慧的話，必須有「一語驚心」之效，能讓人勝不驕、敗不餒，得意而不忘形、失意而不傷神，始終保持一顆平常心。蘇菲答應了國王，條件是國王將佩帶的那枚戒指交給他。

　　幾天後，蘇菲將戒指還給了國王，並再三勸告他：「不到萬不得已，別輕易取出戒指上鑲嵌的寶石，否則，它就不靈驗了。」

　　沒過多久，鄰國大舉入侵，國王率部拼死抵抗，最終整個城邦淪陷敵手。於是，國王只得四處亡命。

　　有一天，為逃避敵兵的搜捕，他藏身在河邊的茅草叢中，當他用手掬水解渴，猛然看到自己的倒影時，不禁傷心欲絕——誰能相信如今這個蓬頭垢面，衣衫襤褸的人，就是那個曾經氣宇軒

昂、威風凜凜的國王呢？

　　就在他雙手掩面失望之餘，欲投河輕生之際，突然想到了戒指。他急切地摳下了上面的寶石，只見寶石裡側鑴刻著一句話——「這也會過去！」

頓時，國王的心頭重新燃起希望的火花。於是，他忍辱負重、臥薪嘗膽，重招舊部並東山再起，最終趕走了外敵，贏回了王國。而當他再一次返回王宮後，所做的第一件事便是將「這也會過去！」這句五字箴言，鑴刻在象徵王位的寶座上。

　　後來，他被譽為最有智慧的國王而名垂青史。據說，在臨終之際，他特意留下遺囑，死後，將雙手空空地露出靈柩之外，以此向世人昭示那句五字箴言——「這也會過去！」

人生一課

> 不懂得尊敬別人，也不能踐踏別人。
> 學歷固然是社會進階的工具，
> 可是，學歷並不能代表一切。

「巨象集團」是美國一家著名的企業，其總部設在紐約曼哈頓，是一幢七十多層樓高的大廈。環繞大廈的是一片鬱鬱蔥蔥的花園綠地，在這寸土寸金之地，更顯出該集團與眾不同的實力。

這天，一位四十多歲的婦人領了一個十二、三歲的小男孩兒，走進這個花園中，坐在長椅上。婦人好像很生氣的樣子，不停地和男孩兒說著些什麼。

距他們兩人不遠處，一位六、七十歲頭髮花白的老人，正拿著一把大剪刀在給園中成片的低矮灌木修剪枝條，剪過後的一排灌木都齊胸高，頂部齊刷刷的像一道綠色的圍牆一樣。

婦人突然從隨身挎包裡揪出一把面紙揉成一團，一甩手扔出去，正落在老人剛剪過的灌木上。白花花的一團面紙在翠綠的灌木上十分顯眼。老人看了婦人一眼，婦人滿不在乎地也回瞪著他。老人沒有說話，拿起那團紙扔到不遠處盛放剪下枝條的一個筐子裡。

老人拿起剪刀繼續修剪枝條，不料婦人又將一團紙扔了過來。「媽媽，妳在幹什麼？」男孩奇怪地問婦人，婦人對他擺手示意讓他不要做聲。

老人過去將這團紙也拿起來扔到筐子裡，剛拾起剪刀，婦人扔過來的第三團紙又落在了他眼前的灌木上。就這樣，老人依然如故不厭其煩地拾了婦人扔過來的六、七團紙，始終沒有露出不滿和厭煩的神色。

　　「看到了吧！」婦人指了指老人對男孩兒說：「我希望你明白，你現在不好好上學，以後就跟面前的這個老園丁一樣沒出息，只能做這些低賤的下等工作！」

　　原來男孩學習成績不好，媽媽生氣地在教訓他，面前剪枝的老人就成了「活教材」。

　　老人也聽到了婦人的話，就放下剪刀走過來：「夫人，這是集團的私家花園，好像只有集團員工才能進來。」

　　「那當然，我是『巨象集團』所屬子公司的部門經理，我就在這棟大廈裡工作啊！」婦人高傲地說著，拿出一張證件往老人面前一晃。

「我能借妳的手機用一下嗎？」老人突然問。婦人不情願地遞給老人自己的手機，一邊仍不忘藉機教導兒子：「你瞧這些窮人，都什麼時代了，這麼大把年紀了連一部手機也沒有。你今後可要有出息喲！」

　　老人打完一個電話將手機還給婦人。不一會兒，一個人急匆匆地走過來，垂手站在老人面前。老人對他說：「我現在提議免去這位女士在『巨象集團』的職務！」

　　「是，我馬上按您吩咐的去辦！」那人連聲應道。

　　婦人大吃一驚，她認識來的這個人，正是「巨象集團」的人事部經理，他當然有權利免除她這個部門經理的職務。

　　「你……你怎麼會對這個老園丁那麼必恭必敬呢？」她驚詫莫名，拉住他的手問道。

　　「什麼，老園丁？他是集團總裁詹姆斯先生！」

　　婦人頹然跌坐在椅子上。她這樣級別的一個經理在這個集團裡很少有見到總裁的機會。

老人走過來很親切地撫了撫那男孩兒的頭，意味深長地說：「我希望你明白，在這世界上最重要的是，要學會尊重每一個人⋯⋯」

　　每個人都有他的內在價值，不論是誰，都一定有值得人們認同與尊重的內在品質。所以，當你忽略了他人的價值時，你就違反了人性，違反了做人的基本，這種人的成就往往是僥倖，不是能持之以恆的。

壞消息與好消息

事實上，我們人生的失敗，
最後並不是敗給了誰，
而是敗給了悲觀的自己。

很早以前，有一群印第安人被白人追趕，逃到了某個地方，他們的處境十分危險。由於情況危急，酋長便把所有的族人召集起來談話。他說：「有些事我必須告知大家，我們的處境看起來很不妙，我這裡有一個好消息，也有一個壞消息。」

族人中間立刻起了一陣騷動。

酋長說：「首先我要告訴你們壞消息。」

所有的人都緊張地站著，神色惶恐地等待著酋長的話。

他緩緩看了大家一眼，才慢慢地說道：「除了水牛的飼料以外，我們已經沒有什麼東西可吃了。」

大家開始你一言我一語地談論起來，到處發出「可怕啊」、「我們可怎麼辦」的聲音。

突然，一個勇敢的人發問了：「那麼好消息又是什麼呢？」

酋長回答：「那就是我們還存有很多的水牛飼料。」

這個智慧而略有些幽默的酋長，他在死的困境中依然保持著泰然豁達的心性，他所看到的，只有生的希望。

一個在厄運面前不會絕望的人，注定是一個永遠不會被生活打垮的人。

日本的水泥大王淺野總一郎（一八四八～一九三○年）
二十三歲那年從鄉下來到繁華的東京，看到有人用錢買水喝，感
到很奇怪：水還得用錢買嗎？對於這種情景，有的人這樣想：東
京這個地方，連用點水都要花錢，生活費太高了，怕難以久居，
於是離開了東京。

　　可淺野總一郎不這麼想。他想：東京這個地方，居然連水都
能賣錢。他一下子振奮起來，從賣水開始，打開了他的創業生
涯。後來他成了雄據東京的水泥大王。

　　你看同一桶水，不同的人，看到的是兩種
截然不同的前景。

　　那麼，在你的現實生活中，不妨處處動用
你的積極心態；面對困境，追求成功的奮鬥過
程中，不忘時時默念一句話——我可以做到！

與老虎競爭的猴子

> 十鳥在林，不如一鳥在手。
> 不要吃碗內的，看碗外的，
> 好好把握目前所擁有的才最真實。

大家都知道，動物界的猴子手腳最快，機智靈敏，頑皮滑稽，模仿力很強，聰明得像人類，是明星級的大人物。

有一天，猴子發現老虎向山上走去，心想：「山上說不定有鮮美的食物，否則，老虎他老兄就不會離開家園，而不辭辛苦地向山上爬去……

於是，猴子抄近路，飛一般地搶在了老虎的前面。翻過一座山後，果然有一片桃林出現在眼前。猴子怕老虎跟上來與牠爭吃桃子，趕快爬到樹上，抓著樹枝把桃子全搖落下來，然後轉移到草叢中。

猴子躲藏在一旁的大樹後面偷偷觀察著老虎的行動。而老虎從這裡經過時仍是一步一個腳印地向前看走著。猴子的心中又暗暗嘀咕起來：「前面一定有更美好的桃林，要不，老虎還會繼續前行麼？」

猴子又抄近路，飛一般地搶在老虎前面，果然，又一片更大更好的桃林出現在牠的眼前。於是，牠又趕快搖落樹上的桃子，藏在草叢中……

老虎仍然一步一步地走著自己的路。在一座四周極開闊的山頭上，老虎停了下來，四下張望，山上山下所有動物的活動情況都盡收眼底。牠選準了自己要獵取的目標、角度、時機，一股風暴般地撲了下去……

　　這時，躲在不遠處偷看的猴子才明白——原來老虎所要尋找的並不是桃子。因此，猴子趕快順著原路往回跑，可是，那藏在草叢中的一堆堆桃子已被螞蟻、蟲子糟蹋得不成樣子，有的已被別的動物搬走了，更慘的是，有的已經開始腐爛了。

躍出水面的魚

期望得到外界的認同，
但千萬不可陶醉於別人的讚美中而忘乎所以。
犯了不該犯的錯，大都來自「忘了我是誰？」

暴雨來臨前，池塘裡憋悶異常。

有一隻紅鯉魚實在耐不住憋悶，縱身躍出水面，長長地透了一口氣，並在陰沈沈的池塘上方畫下了一道紅色的絕妙的剪影。

在入水之前，牠聽到從岸上傳來了一句天籟般的讚美：「啊，多漂亮的一條紅鯉魚呀！」

第一次聽到這麼美妙的聲音，紅鯉魚激動得連拍了好幾個水花：「真是一件值得高興的事，終於有人懂得欣賞我的美了！」

一個又一個夥伴從牠面前游過，大家互相吐兩個水泡，算是打招呼。「牠們從來沒有這樣稱讚過我，以前沒有，現在沒有，將來也不會有吧？」

夥伴們的缺乏美感讓紅鯉魚對剛才的讚美更覺可貴，一種乍逢知己的驚喜充斥於牠的內心：「也許我該結識結識那個人。」

想到這些，紅鯉魚就在水中猛游了一圈，憋足了勁，閃電一般躍出水面，再一次高高地出現在池塘上方。

水外的世界真是很刺激，紅鯉魚有一種躍過龍門的成就感，牠一邊享受著風拂過身體時的涼爽與愜意，一邊睜圓了眼睛去搜尋那個一生難得一遇的知音。

但牠只看到了一張網，一張鋪天蓋地的漁網，當那張骯髒的漁網裹住牠美麗的軀體時，牠聽到了那個一模一樣的聲音：「哈，逮著了！」紅鯉魚就這樣永遠告別了讓牠「自由自在，無拘無束」的池塘了。

人們會因為過分興奮而得意忘形，忘了應有的合宜舉止，而闖出了大禍。所以，我們不要有了一點點的小成就，就像驕傲的公雞，昂首而立、目中無人。

富翁和狼

> 在這個相互競爭的社會裡，
> 真正的陷阱會偽裝成機會，
> 真正的機會也會偽裝成陷阱。

　　一位富翁在非洲狩獵，經過三個晝夜的周旋，一匹狼成了他的獵物。嚮導準備剝下狼皮時富翁制止了他，問：「你認為這匹狼還能活嗎？」嚮導點點頭。富翁打開隨身攜帶的通訊設備，讓停泊在營地的直升機立即起飛，他想救活這匹狼。

　　直升機載著受了重傷的狼飛走了，飛向五百公里外的一家醫院。富翁坐在草地上陷入了沈思。這已不是他第一次來這裡狩獵，可是從來沒像這一次給他如此大的震撼。過去，他曾捕獲過無數的獵物——斑馬、小牛、羚羊，甚至獅子，這些獵物在營地大多被當作美餐，當天分而食之，然而這匹狼卻讓他產生了——「讓牠繼續活下去」的念頭。

　　狩獵時，這匹狼被追到一個近似於「T」字形的岔道上，正前方是迎面包抄過來的嚮導，他也端著一把槍，狼夾在中間。

　　在這種情況下，狼本來可以選擇岔道逃掉，可是牠沒有那麼做。當時富翁很不明白，狼為什麼不選擇岔道，而是迎著嚮導的槍口衝過去，準備奪路而逃？難道那條岔道比嚮導的槍口還要危險嗎？

　　狼在奪路時被捕獲，牠的臀部中了彈。

面對富翁的迷惑，嚮導說：「埃托沙的狼是一種很聰明的動物，牠們知道只要奪路成功，就有生的希望，而選擇沒有獵槍的岔道，必定死路一條，因為那條看似平坦的路上必有陷阱，這是牠們在長期與獵人周旋中所悟出的道理。」

人生也是如此，對於較艱困的任務，只會閃閃躲躲的人，一輩子都不會有出息，人就是需要勇敢地挺身迎向命運的挑戰！

魚兒眼中的海

> 如果不能打碎心中的壁壘，
> 即使給你一片大海，
> 你也找不到自由的感覺。

有一條魚在很小的時候便被捕上了岸，打魚的人看牠太小，而且很美麗，便把牠當成禮物送給了女兒。

小女孩把牠放在一個魚缸裡養起來，牠每天游來游去總會碰到魚缸的內壁，心裡便有一種不愉快的感覺。

後來魚越長越大，在魚缸裡轉身都困難了，女孩就給牠換了更大的魚缸，牠又可以游來游去了。

可是每次碰到魚缸的內壁，牠暢快的心情就會黯淡下來。牠有些討厭這種原地轉圈的生活，索性靜靜地懸浮在水中，不游也不動，甚至連食物也不怎麼吃了。

女孩見牠很可憐，便把牠放回了大海。

牠在海中不停地游，心中卻一直快樂不起來。

一天牠遇見了另外一隻魚，那條魚問牠：「你看起來好像是悶悶不樂啊！」

這條魚歎了口氣說：「是啊！這個魚缸實在太大了，我怎麼也游不到它的邊！」

學會放下

> 放下吧！
> 懂得放下之後，
> 其實已經開始擁有。

有一位11歲的小女孩親身經歷了這樣一件事，她所在的校園裡的兩棵樹被颱風刮倒了。一棵樹倒在地上，樹葉和枝條基本完好無損；另一棵樹也倒在地上，可是樹葉幾乎全被刮爛了，枝條也被折斷不少。

當颱風過去之後，老師叫來園林工人問該怎麼辦。園林工人說，把兩棵樹的樹枝全部鋸掉。然而，老師不同意把那棵完好無損的樹的樹枝鋸掉。

園林工人沒辦法，只好鋸掉了那棵受傷慘重的樹的樹枝，然後，重新把它栽好；再把沒鋸枝的那棵樹用繩子拉起來，拉直後也栽好。

過了些日子，鋸掉樹枝的那棵樹長出了新芽；沒鋸枝的那棵樹，眼看著樹葉就乾枯了，不久就死了。

兩年後，那棵長了新芽的樹已經長得枝葉茂盛，生機勃勃。而那棵沒被鋸枝的樹，早就沒有了蹤影。

權力的滋味

> 權力和春藥一樣，
> 都會令人走火入魔。
> 權力是一張巨大的網，它能網住人性。

　　黑熊、灰狼、狐狸組成一個強盜團夥，常常肆無忌憚地襲擊羊群，使羊群不得安寧。

　　羊群中的領頭羊決定採取分化的辦法對付這夥強盜。於是採取進讒言、挑撥離間等辦法，但是都沒有成功，因為黑熊、灰狼、狐狸團結得緊密，牠們並不相信謠言。

　　後來領頭羊死了。死前，牠把位置交給一頭年輕的羊。

　　這頭年輕的羊並沒有直接上任，而是提出了一個令大家十分吃驚的計畫。牠說，要請黑熊、灰狼、狐狸其中的一個來擔任羊群的頭領。

　　對此，大家都堅決反對。但是被委以重任的年輕山羊，卻堅持自己的主張。牠把這一決定傳遞給黑熊、灰狼、狐狸。牠們都十分興奮，誰要是當上羊群的頭領，就意味著擁有整個羊群的指揮權，這裡的好處太多了。可是，該由誰當這個羊群的頭領呢？

　　黑熊想：「我在團夥中力氣最大，做的貢獻也不小，這羊群的頭領應該由我來當。」

　　灰狼想：「我在團夥中最為兇猛，咬死的山羊最多，論貢獻我最大，這羊群的頭領理應由我來當。」

狐狸想：「我在團夥中是智多星，很多點子都是我想出來的，我起的作用是最大的，所以這羊群的頭領應該讓我來當。」

　　為此牠們爭執起來，誰也不服誰。大家就這樣僵持起來，火氣越來越大。黑熊首先起了殺機，牠決定用武力除掉灰狼和狐狸。黑熊趁灰狼不備時忽然向牠發起了攻擊，一下子就咬斷了狼的脖子。黑熊還打算尋找機會對狐狸下手。

　　狐狸看出黑熊的心思，牠處處防備著黑熊，同時，準備找個機會除掉黑熊。

　　牠找到一個經過獵人偽裝的陷阱，陷阱上面只有一層樹枝。於是，牠便躺在上面假裝睡覺。因為狐狸身體輕，並沒有陷下去的危險。黑熊發現了動手的機會，於是牠猛撲向狐狸，可狐狸卻迅速地閃開了。於是黑熊一頭栽進了陷阱裡。

　　現在所剩下的只有這隻狐狸了，可是牠對羊群已經構不成任何的威脅了。

貧窮永遠是自己的錯

> 金子在砂礫中也會發光，
> 人只要充實自己就會出頭！
> 不努力充實自己的人，只會埋怨。

尤希在底特律時是個鉛管匠，努力了許多年，想發展自己的事業，然而他缺少資金。

為此，他三年前帶著老婆孩子搬到了紐奧良，希望有更好的機會。然而，第一天他找了八家鉛管公司，可是沒有人願意僱用他，他們告訴他人手已經夠了。

第二天，尤希跳上一輛公共汽車，走過一條長長的、繁華的大街。那條街上有幾家速食店。最後，總算第五家的經理對他有點興趣。但經理告訴他，報酬相當低。尤希向經理表示這不成問題，他會提供一流的服務。

他工作很努力，結果在幾個星期之內，就成為那家連鎖店的夜間部經理。

九個月後，連鎖店的老闆將他叫到辦公室去，對他說：「我要派你到城西一座有90戶住戶的大廈去當助理經理。」這時尤希才知道老闆在房地產方面也搞得相當有聲有色。

然而，尤希告訴老闆他只當過鉛管匠，對管理大廈這個職務一無所知。

老闆笑著對他說：「我查過你在速食店的紀錄，利潤增加了55％。管理大廈與管理速食店的道理是一樣的——樂於助人、良好服務和優質高效的管理。我想你一定能讓大廈保持客滿。準時收到房租，而且保養良好。」

　　結果尤希接受了那個工作——薪資是他在速食店時的三倍，還有一間漂亮的公寓。

醬園裡的青蛙

> 老是自艾自嘆的人,
> 一天到晚只會羨慕別人,
> 可是,他不知道有時轉換環境反而帶來危險。

醬園裡的一口空缸裡,生活著一隻青蛙。

這隻青蛙非常的苦悶,水只有淺淺的水,天只有巴掌大的天,自己看到的僅限於缸的四壁和天上的流雲,聽到的僅是缸外附近的聲音,其他什麼再也感覺不到。如此的孤陋寡聞,如此單調的生活使牠常常哀歎自己的境地:「還真不如一隻井底之蛙!」

歎息之餘,牠便去盡力想像缸外的天地,有足夠大的水池可供游泳,有足夠大的陸地可供跳躍,有足夠大的空間可供遠望。漸漸地牠心中激起一個欲望——跳出去!

跳出去!跳出去!可是缸太深,水太淺,跳了數次卻是連連碰壁。後來一夜大雨成全了牠,水一下漲了半缸,牠乘機一躍跳出了缸口。

當牠歡呼著向缸外的空地跳出去,卻不料「撲通」一聲落進了毗連滿滿醬料的醬缸裡。於是,後果可想而知。

跌倒的地方

> 花無百日紅，
> 人無百日好。
> 人都要有憂患意識。

蘇格拉底要趕到一個地方去講學。

一個學生自告奮勇地要自己趕著馬車送老師。

這條路真不好走，沿途坑坑窪窪，高低不平，又滿是大大小小的石塊兒，一不小心，就會人仰馬翻。年輕人非常謹慎地駕馭著馬兒，靈活地躲過了一個又一個的障礙和危險。

終於，他們駛出了那一段不平、不好走的路。前面是一條平坦的小道。年輕人鬆了口氣，揚鞭催馬，駕車急馳。和老師一邊滿懷興致地欣賞著沿途風景，一邊聊著天。突然，前面出現了一個急轉彎，年輕人勒馬不及，馬車載著師生二人衝出了馬路。

幸虧馬路下面是農人新翻耕過的一片土地，他倆剛好摔在鬆軟的土壤上。要不，是傷是殘還說不準呢！

蘇格拉底爬起來回到馬路上，一邊拍打著身上的泥土，一邊感慨地說：「讓人跌倒的地方，不一定是凸凹不平的地方呀！」

沙漠之路

> 路是給世人行走的,
> 給別人留一條前進的路,
> 其實就是給我們自己留退路。

　　在一個茫茫沙漠的兩邊,有兩個村莊。要想到達對面的村莊,如果繞過沙漠走,至少需要馬不停蹄地走上二十多天;如果橫穿沙漠,那麼只需要三天就能抵達。但橫穿沙漠實在太危險了,許多人試圖橫穿卻無一生還。

　　有一天,一位智者經過這裡,讓村裡人找來了幾萬株胡楊樹苗,每半里一棵,從這個村莊一直栽到了沙漠那端的村莊。智者告訴大家說:「如果這些胡楊有幸成活了,你們可以沿著胡楊樹來來往往;如果沒有成活,那麼每一個行者經過時,都將枯樹苗拔一拔,插一插,以免被流沙給淹沒了。」

　　果然,這些胡楊苗栽進沙漠後,全都被烈日給烤死了,成了路標。

　　沿著「路標」,這條路大家平平安安地走了幾十年。

　　一年夏天,村裡來了一個僧人,他堅持要一個人到對面的村莊化緣去。大家告訴他說:「你經過沙漠之路的時候,遇到要倒的路標一定要向下再插深些,遇到就要被淹沒的樹標,一定要將它向上拔一拔。」

　　僧人點頭答應了,然後就帶了一皮袋的水和一些乾糧上路

了。他走啊走啊，走得兩腿酸困渾身乏力，一雙草鞋很快就被磨穿了，但眼前依舊是一片茫茫黃沙。

遇到一些就要被塵沙徹底淹沒的路標，這個僧人想：「反正我就走這一次，淹沒就淹沒吧。」他沒有伸出手去，將這些路標向上拔一拔。遇到一些被風暴捲得搖搖欲倒的路標，這個僧人也沒有伸出手去將這些路標向下插一插。

但就在僧人走到沙漠深處時，靜謐的沙漠驀然飛沙走石，許多路標被淹沒在厚厚的流沙裡，許多路標被風暴捲走了，沒有了影蹤。僧人像沒頭的蒼蠅似地到處東奔西走，再也走不出這大沙漠了。

在氣息奄奄的那一刻，這位僧人感到十分懊悔：「如果自己能按照大家吩咐的那樣做，那麼即便沒有了進路，還可以擁有一條平平安安的退路啊！」

看著火車開走之際……

> 失敗的人，
> 喜歡為自己找藉口。
> 人生的突破，有時是決定在剎那間的抉擇。

　　一位心性高遠的女孩要遠走高飛了，四個男孩去送她。

　　女孩知道，他們都在心底裡愛著她。

　　火車就要啟動的時候，女孩看著四個男孩欲言又止的樣子，就露出一口皓齒，笑著說：「你們是不是捨不得我離開呀？真捨不得我離開就跟我走呀！」

　　四個男孩神情戚然，一時竟都沒什麼反應。

　　可就在車門架快要收起的時候，其中的一位飛身躍上了火車，把女孩擁在懷裡。

　　女孩沒有拒絕。她靠在男孩肩頭，淚水濡濕了男孩的衣領。

　　看著相擁在一起的男孩和女孩，站臺上的三個男孩後悔已來不及了，機遇之車很快駛出了站臺。就在這一愣怔、一猶疑之間，愛已經從三個男孩身邊走遠了。

　　一年後，在另一個城市，在女孩和那位男孩的婚禮上，三個男孩問女孩：「妳是什麼時候決定嫁給他的？」

　　女孩回答說：「在他奮不顧身地躍上火車那一刻。」

　　女孩又問：「那時候，你們怎麼不跟我走呀？」

　　「我以為妳在開玩笑呢！」一個男孩嚷著。

「我還沒來得及跟公司請假，怎麼跟妳走呢！」第二個男孩抗議似地說。

「要我放棄這麼好的工作跟妳走，總得讓我考慮考慮吧！」第三個男孩也有一個好說詞。

三個男孩都有各自的「好理由」。

啟動的火車卻不會為他們的理由而停留。火車開走了，他們就被拋在後面了。

「機遇」就是四個男孩在心底愛著的那個女孩！要虜獲她，摯愛、敏感、果決和奮不顧身，一樣都不能少。

看著火車開走──人生路上，這種無奈和尷尬的際遇，值得我們深思。

最賺錢的地盤

> 落葉的命運，訴之於流水，
> 人的命運，不是隨波逐流，
> 人的命運，可以自己掌握。

　　李安導演的《臥虎藏龍》在國際影壇大放異彩，讓中國的武俠電影更上一層樓，而片中的配樂譚盾更是水漲船高，名聲如日中天。

　　他剛到美國時，只能靠在街頭拉小提琴賣藝來賺錢。很幸運，譚盾和一位認識的黑人琴手一起爭到一個最能賺錢的好地盤──一家商業銀行的門口。過了一段時日，譚盾賺到了不少賣藝錢後，就和那位黑人琴手道別，因為他想進入大學進修，也想和琴藝高超的同學們互相切磋。於是，譚盾將全部時間和精力投入到提高音樂素養和琴藝中……

　　十年後，譚盾有一次路過那家商業銀行，發現昔日老友──那位黑人琴手，仍在那「最賺錢的地盤」拉琴。

　　當那個黑人琴手看見譚盾突然出現時，很高興地對他說道：「兄弟啊，你現在在哪裡拉琴啊？」

　　譚盾回答了一個很有名的音樂廳的名字，但那位黑人琴手反問道：「那家音樂廳的門前也是個好地盤，也很賺錢嗎？」

　　他哪裡知道，十年後的譚盾，已經是一位國際知名的音樂家，他經常應邀在著名的音樂廳中登臺獻藝，而不是在各商家的

門口拉琴賣藝了！

落葉的命運，完全取決於流水。人不是落葉，因為人可以決定自己的前途。如果你不想在一個轉彎處長久地停滯不前，就要勇敢地向流水的中央遊去，乘著淚流，去尋找更多適合自己的新機會。當然，你也可以放棄個人的努力，一切任由流水和風向的安排。

觀察成功人士的足跡，你會發現，有很多原本很平庸的人卻終能獲得成功。這是因為，在他們的人生之旅中，他們在很關鍵的時刻，能夠審時度勢，抓住了一次或兩次重要的機遇，為自已營造出邁向成功的大勢，從而步入成功者的行列，成為受人尊敬、羨慕的人。

雪崩還在繼續……

> 雙方決鬥時，
> 只要是有一方受到了傷害，
> 就從來沒有純粹的勝利者。

　　第一次世界大戰期間，義大利和奧地利為了爭奪戰略要地阿爾卑斯山脈和杜魯米達山，雙方各陳兵十萬對峙，而附近山頂的陡坡上堆滿了厚厚的積雪，一經觸發就會發生大雪崩。

　　雙方正僵持著，忽然，義軍指揮官靈機一動，命令炮兵猛轟雪峰，想用雪崩擊敗對手。此時，奧軍與義軍的想法不謀而合，也把炮口對準了雪峰。於是，在雙方空前絕後的合作下，一場巨大的雪崩爆發了。

　　這場雪崩持續了48個小時，雙方共死亡一萬八千人，成為戰爭史上一大悲劇。

進取

> 過去不能代表現在。
> 與其只會埋怨他人，
> 不如更加積極去爭取。

英國首相邱吉爾是盟國三大巨頭之一，他率領大英帝國的船隊繞過了戰爭的暗礁，避免了英倫三島的淪陷，可謂戰功赫赫。然而在戰後的首次大選中，邱吉爾被選民趕下了台。當時有記者採訪邱吉爾，說：「你在第二次世界大戰中戰功卓著，卻失去了首相寶座，這是否意味著英國人的忘恩負義？」

邱吉爾肯定地點了點頭，說：「是的。」但他接著話鋒一轉，「但是，只有忘恩負義的民族，才是最有出息的民族。」

邱吉爾既沒有怨天尤人，也沒有躺在過去的功勞簿上自我陶醉，而是厲兵秣馬，摩拳擦掌，以備再戰。

結果，邱吉爾在後來的競選中又奪回了首相寶座，而且成為世界上最著名的政治家。

做一個懂分寸知進退的人

> 成功人士之所以能夠在人生的道路上順風順水，
> 其原因不僅僅在於他們的聰明，
> 而在於他們對人性的洞察……

曾經有人說過，人生的智慧不過六個字：懂分寸，知進退。

冒進或是太過保守，都是不懂分寸，不知進退。人貴有自知之明，審時度勢，分寸把握得當，進退有度，才是真正的人生智慧。

俗話說：「做菜講究火候，做人注意分寸。」做菜時，如果火候把握不好，很可能將菜炒糊或者炒不熟，而為人處世如果把握不好分寸，就容易得罪人，給自己帶來不少的麻煩。

古代兵法中也有所謂「一言不慎身敗名裂，一語不慎全軍覆沒」的箴言。佛家也認為，人在起心動念之際，也同時種下了因果，如果動了邪念，也就種下了禍根，不但為自己留下後患，還會殃及子孫。

不但從理論上講是這樣，在現實中更是如此。為人處事把握不好分寸，百無禁忌，口無遮攔，輕則會惹人厭煩，重則會引火燒身傷害自己。

在與人交往的時候，他們既能嚴於律己也能寬以待人。既善於與人相處又不失自我，能夠把握與人交往的恰當距離，誰也不得罪，從容地周旋於來來往往之中。

茶與杯

> 唇齒相依，相互依靠。
> 在一個家庭之中，如果不能同心，
> 各自為政的話，一定會崩離分散。

　　茶几上擺放著幾隻杯子，杯子裡盛著茶水。

　　茶水對杯子說：「為啥非要把我們束縛在你們的肚子裡呢？我們要像溪流那樣潺潺流動，要像江河那樣奔騰不息，要像大海那樣洶湧澎湃……」

　　杯子說：「因為你們是供人們品味的茶，而並非氾濫乏味的江河湖海之水。」

　　茶水不服，用力掙扎，衝出了杯子，灑了一地，濕了一片。可是，不久茶水便無影無蹤了，茶味也隨之消失了。

第一眼是錯的

> 在對與不對之間，
> 有時存在的是不同角度、不同立場。
> 而人世間常常有人會以自己的經驗來判斷事務。

　　一天，一個盲人帶著他的導盲犬過馬路時，一輛大卡車失去控制，直衝過來，盲人被當場撞死。他的導盲犬為了守衛主人，也一起慘死在車輪底下。主人和狗到了天堂門前。

　　一位天使攔住他們倆，為難地說：「對不起，現在天堂只剩下一個名額，你們兩個中必須有一個去地獄。」

　　主人一聽，連忙問：「我的狗又不知道什麼是天堂，什麼是地獄，能不能讓我來決定誰去天堂呢？」

　　天使鄙視地看了這個主人一眼，皺起了眉頭，祂想了想，說：「很抱歉，先生，每一個靈魂都是平等的，你們要通過比賽決定誰上天堂。」

　　主人失望地問：「哦，什麼比賽呢？」

　　天使說：「這個比賽很簡單，就是賽跑，從這裡跑到天堂的大門口，誰先到達目的地，誰就可以上天堂。不過，你也別擔心，因為你已經死了，所以不再是瞎子，而且靈魂的速度跟肉體無關，越單純善良的人速度越快。」主人想了想，同意了。

　　天使讓主人和狗準備好，就宣布賽跑開始。天使滿心以為主人為了進天堂，會拼命往前奔，誰知道主人一點也不忙，慢吞吞

地往前走著。更令天使吃驚的是，那條導盲犬也沒有奔跑，牠配合著主人的步調在旁邊慢慢跟著，一步都不肯離開主人。

這時，天使才恍然大悟：「原來，多年來這條導盲犬已經養成了習慣，永遠跟著主人行動，在主人的前方守護著他。可惡的主人，正是利用了這一點，才胸有成竹，穩操勝券。他只要在天堂門口叫他的狗停下，就能輕輕鬆鬆贏得比賽了。」

天使看著這條忠心耿耿的狗，心裡很難過，大聲對狗說：「你已經為主人獻出了生命，現在，你這個主人不再是瞎子，你也不用領著他走路了，你快跑進天堂去吧！」

可是，無論是主人還是他的狗，都像是沒有聽到天使的話一樣，仍然慢吞吞地往前走，好像在街上散步似的。果然，在離終點還有幾步的時候，主人發出一聲口令，狗聽話地坐下了，天使用鄙視的眼神看著主人。

這時，主人笑了，他扭過頭對天使說：「我終於把我的狗送到天堂了，我最擔心的就是牠根本不想上天堂，只想跟我在一起……所以我才想幫牠決定，請你照顧好牠。」

　　天使愣住了。

　　主人留戀地看著自己的狗，又說：「能夠用比賽的方式決定真是太好了，只要我再讓牠往前走幾步，牠就可以上天堂了。不過牠陪伴了我那麼多年，這是我第一次可以用自己的眼睛看著牠，所以我忍不住想要慢慢地走，多看牠一會兒。如果可以的話，我真希望永遠看著牠走下去。不過天堂到了，那才是牠該去的地方，請你照顧好牠。」

　　說完這些話，主人向狗發出了前進的命令，就在狗到達終點的一剎那，主人像一片羽毛似的落向了地獄的方向。他的狗見了，急忙掉轉頭，追著主人狂奔。滿心懊悔的天使張開翅膀追過去，想要抓住導盲犬，不過那是世界上最純潔善良的靈魂，速度遠比天堂所有的天使都快。

第三章

面對鏡子，
給自己一個微笑

給靈魂一對向上的翅膀

> 天堂的門永遠是開著的，
> 只要我們用真善美作為引導，
> 墮落的靈魂也能生出向上的翅膀。

安東尼奧任紐約市市長時，有一件事一直讓他煩惱，那就是紐約的治安，尤其是地鐵站的偷盜和搶劫現象，十分猖獗。

這情形，讓安東尼奧市長十分苦惱……日有所思，夜有所夢。有一天晚上，安東尼奧夢見了上帝，於是他便問：

「倘若一個人的靈魂墮落了，結果只有把他打入地獄嗎？」

「孩子，天堂的門永遠是開著的。」

上帝微笑著回答。

「那怎樣把那些墮落的靈魂引入天堂呢？」

安東尼奧再接著問。

「去給他們的靈魂一對向上的翅膀吧。」

說完，上帝就消失了。

也就是這個夢，給安東尼奧以啟發，他採取的辦法不再是暴力，而是在地鐵站裡不停地播放貝多芬、莫札特的古典音樂，其中以《聖母頌》是播放次數最多的音樂。一段日子之後，想不到這種方法卻收到了神奇的效果，地鐵站內多發的搶劫、偷盜行為大為減少，案發率降到歷屆市長以來的最低水平。

善良的回報

> 出於善良的回報，
> 總會收到意想不到的效果。
> 這就是我們常說的：「好人終有好報！」

　　一百多年前一個春光明媚的下午，在英國一個鄉村的田野裡，一位貧苦的鄉下人正在自家的田裡耕作，忽然聽見河邊傳來救命的呼叫聲。他快步奔向河邊，看見一個少年正在河水裡掙扎，便奮不顧身地跳進河裡救起那位險些兒沒了命的少年。事後才知道他是貴族世家的兒子。

　　過了幾天，那位貴族親自登門向鄉下人道謝：「朋友，你這樣好心，應該有好報。你儘管說，看可有什麼用得著我幫忙的。」鄉下人搖著頭連聲說：「沒有、沒有。」他認為天地間哪有見死不救之理，他堅信助人圖報非君子。對那位貴族的好意心領啦！

　　那位貴族除了敬佩鄉下人的節操之外，還是覺得過意不去。就在這個當口，鄉下人的兒子回來了，那位貴族說：「哦，有了。要不然我把你的孩子，帶到倫敦去受高等教育吧？」

　　鄉下人接受了他的建議，因為這正是他兒子求之不得的。他就讓貴族把兒子送到倫敦去深造了。

　　後來，鄉下人的兒子從倫敦聖瑪麗醫學院畢業了——他就是後來被英國皇家授勳封爵、榮獲諾貝爾一九四五年醫學獎的亞歷

山大‧佛萊明，拯救了世界千百萬人性命的抗菌藥──青黴素就是他發現的。

　　在第二次世界大戰期間，英國面臨最艱苦歲月的過程中，那位曾經助過佛萊明一臂之力的貴族的兒子，在倫敦患嚴重的肺炎，最後就是用青黴素醫治好的。這個人就是英國後來的首相邱吉爾。

　　鄉下人的兒子救了貴族的兒子，貴族成就了鄉下人兒子的學業；鄉下人兒子學成以後用他發現的藥品，又一次拯救了貴族的兒子，真是冥冥之中自有安排。

華道夫飯店的傳奇

> 只要時時刻刻用真心去待人，
> 雖然與對方只是某一天的邂逅，
> 換來的卻是一生輝煌的回報。

很多年以前，在一個暴風雨之夜，有對老夫婦走進一家旅館的大廳要求訂房。

「很抱歉，」櫃檯裡一位年輕的接待員說：「我們這裡已經被參加會議的團體包下了。往常碰到這種情況時，我們都會把客人介紹到附近其他的旅館，可是這次很不湊巧，據我所知，附近的旅館也全都客滿了。」

老夫婦倆聽了，一臉的失望和為難，接待員趕緊接著說：「先生，夫人，如果您們不嫌棄的話，那麼您們可以在我的小房間裡住一晚。」

這對老夫婦因為給接待員增添了麻煩而感到很不好意思，但他們還是謙和有禮地接受了接待員的好意。

第二天一大早，老先生要付住宿費的時候，他婉言謝絕道：「我的房間是我休息用的，它是免費提供給你們住的。」

老先生說：「你這樣的員工是每一個旅館老闆夢寐以求的，也許有一天我會為你蓋一座飯店呢！」

又過了幾年，那個接待員依然在那家旅館上班。有一天，他

忽然接到老先生的一封信，信中邀請接待員到曼哈頓去和他見一面，並附上了往返的機票。

　　於是，接待員來到了曼哈頓，在第五大道和三十四街之間一座豪華的建築物前見到了老先生。「這就是我專門為你蓋的飯店，我以前曾經說過的，你還記得嗎？」老先生很溫和地說：「我的名字叫威廉·華道夫·阿斯特。這其中並沒有什麼陰謀，就只是因為我認為你是經營這家飯店的最佳人選而已！」

　　這棟42層的豪華酒店就是後來世界著名的紐約華道夫·阿斯托里亞大飯店的前身，而這個年輕的接待員，就是該店第一任總經理喬治·伯特。

愛心是一盞明燈

愛心是一盞明燈，照亮別人的同時也照亮了自己。
如果每人都獻出一點愛，
那麼我們的世界一定會是無限溫馨的。

曾經有一位貧窮的男孩為了攢夠學費挨家挨戶地推銷商品。那一天他十分饑餓，但摸遍全身只有一毛錢。怎麼辦？他決心向一戶人家討口飯吃。

當一位美麗的小女孩打開門時，這個男孩不知所措。他沒有要飯，只乞求一杯水喝。小女孩看他饑餓的樣子，就拿了一大杯牛奶給他。

男孩慢慢地喝完牛奶，說：「我應該付多少錢？」女孩說：「一分錢也不用付，媽媽教育我，施以愛心，不圖回報。」男孩說：「那麼，就請接受我由衷的感謝吧！」

說完，男孩離開了這戶人家。他不僅渾身是勁兒，還看到上帝正朝著他點頭微笑呢！

其實，男孩原本是打算要退學的。

十多年之後，那位女孩得了一種罕見的重病，當地醫生束手無策。最後，轉到大城市的一家著名的醫院進行診治。醫生竭盡全力，終於手術成功了，挽救了女孩的生命。

當醫藥費通知單送到這個特殊的病人手中時，她不敢看，她

知道，治病的藥費要花去她的全部家當。

　　最後，她還是鼓起勇氣，翻開了醫藥費通知單，旁邊那行小字引起了她的注意，她不禁輕聲念道：「醫藥費——一大杯牛奶。　醫生霍華德‧凱利。」

　　原來這位凱利就是當年那位貧窮的男孩。如今，他已是一位大名鼎鼎的醫生了。當他發現這位奇特的病人，就是幫助過他的恩人時，於是他就立即伸出了救援之手。

良心如枕

> 善良比聰明更難，
> 清白的良心是一個溫柔的枕頭。
> 枕著這份溫柔，我們得以安然入眠。

午後，倚於床頭閒翻雜誌，看到一個句子——「清白的良心是一個溫柔的枕頭。」就隨手記在紙上，細細體味。

這個句子讓我想起一些普通的人和事來。

這件事是發生在我母親身上的。有一個夏天晚上，我們在院中乘涼之際，有一隻大白兔從門縫跑進了我家，趕之不去。

母親說：「天這麼晚了，讓兔子往哪兒去呢？弄不好還會讓什麼給吃了。先留牠一夜吧，明早誰來找尋，再還給誰吧！」於是，我就找出一個籠子，把兔子安置下來。

到了第二天，並沒有人來找尋說他們家少了隻兔子，又過了好多天，還是沒人來找兔子。兔子在我家一天天地待了下來，母親卻日益感到不安。

她的不安，在一天晚飯後再次流露出來。那晚她一邊給兔子餵青草，一邊說：「我怎麼總覺得眼皮跳？耳根發熱？兔子，你說是餵你還是放了你？」

兔子只顧埋頭津津有味地吃草。母親歎了口氣，從父親的皮

夾裡抽出兩塊錢走了出去。

　　過了一會兒，她回來了，如釋重負地說：「我把兩塊錢丟在西邊大路口了。隨便誰撿了去，就當是贖這隻兔子了，省得晚上睡覺也不踏實。」

　　亞馬遜的CEO傑夫・貝佐斯說：「聰明是一種天賦，而善良是一種選擇。天賦得來很容易，而選擇並不容易。」——這是他在2010年普林頓大學畢業生典禮上說的一段話。

世上最貴的蛋是「笨蛋」

> 人生即使有些不足，
> 但心靈之美卻勝過一切。
> 有些小人物，能感動人一輩子！

　　阿瓜是個弱智的男孩。在三年級一班裡，他的成績是倒數第一。同學們也常取笑他，說頭大不中用。每天放學後，他都主動留下來幫值日生倒垃圾。

　　更絕的是，白天上課，每隔兩節課，他就要把垃圾桶拿到洗手台前認真地刷洗。原先最髒最臭的角落，因為阿瓜的勤快變成了教室內最醒目的淨土。

　　一天到晚，他總是微笑著，並純真地看別人以怪異複雜的眼光看著自己。

　　有一次，老師出了個腦筋急轉彎的問題：「世界上最貴的蛋是什麼蛋？」

　　有人說金蛋，有人說原子「蛋」，有人說漂亮臉蛋……

　　這時，阿瓜也舉手發言，他高興地說：「是笨蛋，因為大家都叫我笨蛋！」

　　同學們笑了，無知地笑了。

　　老師卻哭了，她走過去輕拍阿瓜的腦袋說：「是的，阿瓜你最貴！」

阿瓜的母親每天放學後都會騎摩托車到校門口接他。冬天裡一個下雪的傍晚，在回家的路上，他看見一位踽踽獨行的同學，阿瓜知道這個同學的家離學校很遠，便央求媽媽載同學一起回家。可惜摩托車後座安裝了一個鐵籃子，無法多載一個人……

　　回家後，媽媽忙著在廚房做飯，卻隱隱聽見門外傳來一陣奇怪的聲音。出門一看，原來是阿瓜正滿頭大汗地用老虎鉗正在拆卸那個鐵籃子……

有愛的人生

> 有愛的人生才是豐盈的，
> 因為每分每秒我們都可以在生命中感受到──
> 生活的幸福與美好。

　　有一個猶太老人，臨終前把家裡的土地和財產平均分給了兩個兒子。

　　老人過世後，土地收成了小兒子想：「我獨自一人日子容易打發，可哥哥拉家帶口的，生活會比較艱難，我應該把自己的那一份，再分一半給哥哥才對。」

　　他怕哥哥不肯接受，於是趁著夜黑風高，把自己分得的蘋果和玉米，搬一半偷偷送到了哥哥的倉庫裡。

　　住在另一邊的大兒子心裡也想：「我已成家立業，只要一家人齊心協力，生活不會成問題，可弟弟是孤身一人，應當為他以後的日子多做打算。」

　　同樣地，他也怕弟弟不肯接受，於是也趁著星月無光，將自己的蘋果和玉米，搬一半偷偷送到弟弟的倉庫裡。

　　第二天早上，當他們走到倉庫的時候，都嚇了一跳，蘋果和玉米絲毫未減，兩兄弟都以為自己做了一個非常真實的夢。

　　晚上，兩兄弟再一次搬蘋果和玉米到對方倉庫時，竟然相遇了。兄弟倆扔下手中的東西，緊緊地抱在一起痛哭起來。他們決定不分家，共同經營父母所留下的土地。

這是一個在以色列民間廣為流傳的故事。

這兩個兄弟抱在一起哭泣的地方，後來成為耶路撒冷的聖地，也成為後人朝聖的地方。

原來，人們對愛的嚮往，要遠遠大於財富。

詩人山姆・華爾特・福斯也曾寫下：「我要住在道路旁，成為別人的朋友。」我想站在路旁，等待疲憊的旅人，關懷那些飽受委屈和沮喪憂傷的人們，我要陪伴他們一程，用激勵人心的語言，滋潤他們的心靈，雖然我無法解決他們的問題，但卻可以祝福他們……

海明威的文學課

智者知道何時沈默以及如何沈默。
一個心地善良的人即使不說一句話，
我們也能聞見人性的芬芳。

有個美軍少尉從拍賣會上買了一箱上好的威士忌酒，海明威知道後，請求賣給他六瓶，多少錢都行。少尉想了想說：「這樣吧，我用六瓶酒換你六堂課，教我成為一個作家。」

海明威笑道：「我可是花好幾年工夫才學會幹這行的，你可是佔大便宜了，好吧，成交。」

如願以償的少尉趕忙遞上六瓶威士忌。

接下來的五天裡，海明威如約給少尉講了五堂課。少尉很得意，他用六瓶酒換得了美國著名作家的指點。

海明威說：「你是個精明的生意人。現在我想知道，那箱酒你已經喝了多少瓶？」

少尉回答：「一瓶也沒喝，我留著開酒會呢！」

海明威有事要出遠門了，少尉到機場送行。在飛機的轟鳴聲中，海明威給他講了第六堂課：「在寫別人之前，自己先要成為一個善良和有修養的人。」

少尉說：「這和寫小說有什麼相干？」

海明威說：「這對做人至關重要，不論幹什麼事，做人永遠是第一位的。」

海明威一邊走向飛機，一邊大聲地對少尉說：「在為你的酒會發請束之前，最好把你的酒抽樣檢查一下！」

回去後，少尉打開一瓶又一瓶威士忌，裡面裝的全是茶水。他這才明白，海明威早已知道實情，但隻字未提，依然踐約為他上了六堂課。

有一次，有個自命不凡的同行向海明威討好說：「先生，我早就有心為你寫一本傳記，希望你死了以後，我能有機會獲得為你作傳的榮幸！」

海明威知道這傢伙文筆極為差勁、文章簡直狗屁不通，但他仍淡淡一笑：「哦！先生，既然我已知道你要寫我的傳記，那我可不得不努力活下去才行啊！」

暖

> 贈人玫瑰，手有餘香。
> 我們在關愛他人的同時，
> 也為自己收穫了一份喜悅。

　　初春某個假日的下午，我在儲物間整理一家人的冬衣。九歲的女兒安娜，饒有興致地伏在不遠的窗臺上向外張望，不時地告訴我院子裡又有什麼花開了。

　　這時，我無意中在安娜羽絨衣兩側的口袋裡，各發現了一副手套，而且兩副是一模一樣。

　　我有些不解地問著女兒：「安娜，這個手套要兩副疊起來用才夠保暖嗎？」

　　安娜扭過頭來看了看手套，明媚的陽光落在她微笑的小臉蛋上，異常生動可愛。

　　「不是的，媽媽。它暖和極了。」她說。

　　「那為什麼需要兩副呢？」我更加好奇了。

　　她抿了抿小嘴，然後認真地說：「其實是這樣的，我的同桌翠絲買不起手套，可是她寧願長凍瘡，也不願意去救助站領那種難看的粗布大手套。平時她就敏感極了，從來不接受同學無緣無故贈送的禮物。媽媽買給我的手套又暖和又漂亮，要是翠絲也有一雙就不會長凍瘡了。所以，我就再買了一模一樣的這副放在身邊。如果裝作因為糊塗而多帶了一副手套，翠絲就能夠欣然接受

我的手套了。」孩子清澈的雙眸像陽光下粼粼的湖水，「這樣的話，今年翠絲的手上就不會再生凍瘡了。」

我聽了，感到相當欣慰地走到窗邊擁抱我的小天使，草地上一叢叢蘭花安靜地盛開著，又香，又暖。

生活如果處處有愛的腳步，這世界的道路將充滿了溫馨，讓愛走進心靈中，讓我們一起聆聽那曼妙的旋律，一起分享人間四月天，清新動人的美好記憶。

捐一個微笑

善意是最好的贈予，
只要給他人一個微笑，
得到的是兩個人眼中的七彩陽光。

　　隊伍很長。站在我前面的是一對母女倆，母親牽著女兒的手，女兒仰起小腦袋奶聲奶氣地背著唐詩，背完一首，就向母親要求讚美。年輕的母親不吝嗇，反覆地豎起大拇指，鼓勵女兒再接再厲。

　　捐款臺上的「設施」很是簡陋。一張桌子上擺了一個用紅紙包裹著的募捐箱，紙上寫著：「向地中海貧血症患者的兒童獻愛心。」

　　站在我前面的年輕母親捐完了款準備走開，守在募捐箱旁的一個中學生模樣的女孩，似乎被可愛的還在背唐詩的小女孩吸引住了，拉住她的手，逗她：「小妹妹，媽媽給患病的哥哥姊姊捐錢了，妳也捐點什麼呀？」

　　小女孩不做聲，抬頭看看她媽媽，又看看彎腰跟她說話的大姊姊，手在口袋裡掏了幾下，如果什麼也沒掏出，嘴一癟，竟哭了起來。

　　原本只想逗逗孩子的女學生慌了，臉脹得通紅。顯然，她自己也只是個大孩子，面對意外，亂了方寸。她惟有尷尬地站著，滿臉歉意地看著小女孩的母親。

年輕的媽媽卻沒慌，邊給孩子擦眼淚邊說：「小娜，妳給姊姊笑一個，妳說妳就捐一個甜甜的笑，給患病的哥哥姊姊。」

　　小女孩真的立刻笑了，淚水還掛在她眼角，她還在抽泣著，那笑也就顯得很彆扭，不過很純真。純真的小天使微笑著，讓旁邊的我，也差點忍不住掉下淚來，真令人感動。

　　母女倆已經朝前走去，我往募捐箱放下鈔票，目光還在追隨這對母女。那個漂亮的小女孩又回過頭，一次，兩次，三次……每一次臉上都帶著甜甜的笑容。我數得一清二楚，她一共捐了「六個」天使般的笑容。

人性的光輝

> 儘管我們的社會仍然存在邪惡，
> 然而它只能躲在牆角的陰影中，
> 因為人性的光輝仍然主導著這個世界。

在春天就要來到的時候，回眸逝去的歲月，太多太多善良的人們，都無法分享這個美好的春天了，然而，誰又能否認，生活中美妙的一切，事實上都與他們密切相關。正是他們，用人類最樸素、最偉大的愛，孕育了整個世界的春天。

這是一則兩年前的舊聞——「據菜農錫康祥現場目擊，飛機在離地面大約二十公尺左右往下墜，直衝村民住宅區。隨即上升，離開住宅區上空後沒多久，墜入一塊菜園。」

這一「村民住宅區」，即浙江東南某市的塘頭村，錫康祥是塘頭村的村民。

飛機下墜到離地面二十公尺的時候，機毀人亡已是不可避免的事情了，這對機長來說，他比任何人都清楚。而且，從二十公尺的高空到觸地，也許僅是幾秒鐘的時間，而這時，機長拉高機頭，向前滑行，栽到一處菜園裡。

因為機長視野裡出現一處住宅區。

我們不能不向這位偉大的機長表達出深深的敬意，在劈頭而來的「死」的威脅中，機長是第一個感受到的，但他的表現如此鎮定與仁慈。

我還想起另外一個故事：

巴黎的一所未竣工的高層建築上，兩個安裝牆面材料的工人腳下的木板突然塌裂——主人公的名字我已忘記了，姑且稱之為皮埃爾與勒內——他們二人共同抱住了一支防護杆。

然而，防護杆卻承受不住兩個人的重量，「吱吱」地要折斷了。皮埃爾含著淚說：「勒內，我還有孩子……」勒內尚未結婚，他說：「好的，皮埃爾，」然後鬆開手，像一片樹葉般地飄向地面。我震驚於這位年輕人的平靜，只說了聲「好的」，接著就把手鬆開了。

「還差兩個小時！」

> 母親是孩子的第一任教師，
> 千萬不能忘記這個職責，
> 因為它會影響孩子的一生。

那年他11歲，一有機會總愛去湖心小島上的船塢前釣魚。

在鱸魚釣獵開禁前的一天傍晚，他和媽媽早早又來釣魚。安好誘餌後，他將魚線一次次甩向湖心，在落日餘暉下泛起一圈圈色彩斑爛的漣漪。當月升中天的時候，那波紋又變成了銀白色，景象十分美麗動人。

忽然，釣竿的另一頭倍感沈重起來。他知道一定有大傢伙上鉤，急忙收起魚線。母親在一旁靜靜地看著兒子熟練麻俐地操作著，十分愜意欣慰。

終於，孩子小心翼翼地把一條竭力掙扎的大魚拉出水面。好大的魚啊！在此之前他還沒見過這麼大的魚呢！是一條鱸魚。

母親和兒子緊盯著這條漂亮的大魚看呆了。月光下，媽媽撥亮小手電筒看看錶，已是晚上十點──但是距允許釣獵鱸魚的時間午夜十二點才開始，還差了兩個小時。

「你得把牠放回去，兒子。還差兩個小時！」母親說。

「媽媽！」孩子哭了。

他環視了湖的四周，月光下，已看不到一艘魚艇或釣魚人。他又看看母親。雖然沒人看見他們，也沒人知道這事，但他從母

親那平時溫和慈祥而現在卻十分堅決的臉色中，知道決定是無可更改的了。只好慢慢地解開大魚嘴上的魚鉤，把牠放生了。

孩子回想剛才釣上大魚時興高采烈的情景，就像做了一場夢。——這是34年前的事了。今天那孩子已經是紐約市一個很有成就的建築師了。

他說得對，他再也沒能釣到很久前那一夜晚，釣上的那樣漂亮的大魚。但他卻為此終身感謝母親。

以後的生活中他碰到過許多類似於那一夜晚的問題，但從未因無人知道而放鬆自律，有損公德。他通過自己的誠實，勤奮，守法，仍然能獵取到生活中的大魚——事業上的成績斐然。他至今仍懷念母親那一夜對他的教誨，並常常對他的兒子和女兒講述起這件平常而又動人的小故事。

真愛在自己心中

她的確是忘記了，
不過，我卻沒有忘記啊！
也許，這是我們來世的約定。

那是一個忙碌的早晨，大約八點半，醫院來了一位老人，看上去八十多歲，是來給拇指拆線的。他急切地對我說，九點鐘他有一個重要的約會，希望我能幫忙一下。

我先請老人坐下，看了看他的病歷。心想：「如果按照病歷，老人應去找另一位大夫拆線，但那至少得等一個小時。」出於對老人的尊重，正好我當時又有一點空閒時間，我就來為老人拆線。我拆開紗布，檢查了一下老人的傷勢，看到傷口基本上已經痊癒，便小心翼翼地為老人拆了線，並為他敷上一些防止感染的藥。

在治療過程中，我和老人攀談了幾句。我問他是否已經和該為他拆線的大夫約定了時間。老人說沒有，他知道那位大夫九點半以後才上班。

我好奇地問：「那你還來這麼早幹什麼呢？」老人不好意思地笑道：「因為我要在九點鐘到康復室和我的妻子共進早餐。」

這一定是一對恩愛的老夫妻，我心裡猜想，話題便轉到老人妻子的健康上。老人告訴我，妻子已在康復室待了相當長一段時間，她患了老年癡呆症。

談話間，我已經為老人包紮完畢。我問道：「如果你去遲了，你妻子是否會生氣？」

老人解釋說：「那倒不會，至少在五年前，她就已經不知道我是誰了。」

我感到非常驚訝：「五年前就已經不認識你了？你每天早晨還堅持和她一起吃早飯，甚至不願意遲到一分鐘？」

老人笑了笑說：「是啊，每天早上九點鐘與我的妻子共進早餐，是我最重要的一次約會，我怎麼能失約呢？」

「……可是她什麼都不知道了啊！」我幾乎脫口而出。

老人再次笑了，笑得有點甜蜜，彷彿又回到了幾十年前兩人恩愛無比的甜蜜日子裡，老人一字一句地對我說：「她的確已經不知道我是誰了，但是，我卻清楚地知道她是誰啊！」

擦亮自己做人的牌子

人品即產品，人品即財富，
做人容不得摻半點水分，絲毫不能作假，
否則，一旦失去信譽，什麼事都很難做成。

有一對夫妻，退休之後開了家燒酒店，自製燒酒自己賣，也算有了條活路。

丈夫是個老實人，為人真誠、熱情，燒製的酒也好，人稱「小茅臺」，有道是「酒香不怕巷子深」，一傳十，十傳百，酒店生意興隆，常常是供不應求。

看到生意如此之好，夫妻倆便決定把掙來的錢再投進去，再添置一部燒酒設備，擴大生產規模，增加酒的產量。這樣，一可滿足顧客需求，二可擴大營業增加收入，早日致富。

這天，丈夫外出購買設備，臨行之前，把酒店的事都交給了妻子，叮囑妻子一定要善待每一位顧客，誠實經營，不要與顧客發生爭吵……

一個月以後，丈夫外出歸來。妻子一見丈夫，便按捺不住內心的激動，神祕兮兮地說：「這幾天，我可知道了做生意的祕訣，像你那樣永遠也發不了財。」

丈夫一臉愕然，不解地說：「做生意靠的是信譽，咱家燒製的酒好，賣的量足，價錢合理，所以大夥才願意買咱家的酒，除此之外還能有什麼祕訣。」

妻子聽後，用手指著丈夫的頭，自作聰明地說：「你這榆木腦袋，現在有誰還像你這樣做生意，你知道嗎？這一個月我賺的錢，比過去一年掙的還多得多。祕訣就是，我給酒裡兌了水。」

　　丈夫一聽，肺都要氣炸了，他沒想到，妻子竟然會往酒裡加了水，他衝著妻子就是重重的一記耳光。他知道妻子這種坑害顧客的行為，將他們苦心經營的酒店的牌子砸了，他知道這將意味著什麼。

　　常言道：「真金不怕紅爐火，酒香不怕巷子深。」只要好的東西、好的產品，即使出於荒山僻野，也仍然會得到人們的青睞！

白襯衫黑木炭

**有時候，我們的壞念頭雖然在別人身上兌現了，
但是它們也同樣在我們的身上，留下汙漬。
因此說，報復是世上最無聊的事。**

　　八歲的帕科放學以後氣沖沖地回到家裡，進門以後還使勁地
跺著腳。他的父親正在院子裡幹活，看到帕科生氣的樣子，就把
他叫了過來，想和他聊聊。

　　帕科不情願地走到父親身邊，氣呼呼地說：「爸爸，我現在
非常生氣。我以後不再和華金做朋友了。」

　　帕科的父親一面幹活，一面靜靜地聽兒子訴說。

　　帕科說：「華金讓我在朋友面前丟臉，我現在特別希望他遇
上幾件倒楣的事情。」

　　他父親聽完走到牆角，找到一袋木炭，對帕科說：「兒子，
你把前面掛在繩子上的那件白襯衫當作華金，把這個塑膠袋裡的
木炭當你想像中的倒楣事情。你用木炭去砸白襯衫，每砸中一
塊，就象徵著華金遇到了一件倒楣的事情。我們看看你把木炭砸
完了以後，結果會是什麼樣子。」

　　帕科覺得這個遊戲很好玩，他拿起木炭就往襯衫上砸去。可
是襯衫掛在比較遠的繩子上，他把木炭扔完了，也沒有幾塊扔到
襯衫上。

　　父親問帕科：「你現在覺得怎麼樣？」

他大大吐了一口氣說：「累死我了，但我很開心，因為我扔中了好幾塊木炭，白襯衫上有幾個黑印子了。」

父親看到兒子沒有明白他的用意，於是便讓帕科去照照鏡子。帕科在一面大鏡子裡看到自己滿身都是黑灰，從臉上只能看到牙齒是白的。

報復別人固然可以逞一時之快，解解氣。可是，到頭來自己卻也沒有佔上什麼便宜，有些時候反而會招來更大的災難。因此，為人處事還是貴在和睦相處，凡事不用斤斤計較，胸襟開濶些，生活自然會愉快詳和。

雁奴的悲劇

> 悲劇往往是這樣發生的──
> 忠誠的人被誤解而傷透了心，
> 最後只好不再堅持。

古時候，有位年輕的獵手，他箭法極準，但總是捕不到大雁。於是，他向一位有經驗的老獵手請教。

老獵手把他領到一片大雁棲息的蘆葦地，指著站得最高的一隻大雁說：「那隻大雁是站崗放哨的，我們管牠叫雁奴。牠只要一發現異常情況就會向雁群報警，所以接近雁群往往是很困難的。但我有辦法，你現在先故意驚動雁奴再潛伏不動。」

年輕人照著做了，雁奴發現年輕人後立即向同伴發出警告，正在棲息的大雁聞訊後紛紛出逃，之後並沒發現什麼，便又飛回到原地來。

老獵手讓年輕人如法炮製了好幾回。

終於，有幾隻以為受騙的大雁向雁奴發動攻擊。

如此再三，幾乎所有的大雁都以為雁奴謊報軍情，紛紛把不滿都發洩到雁奴身上，可憐的雁奴被啄得傷痕累累。

「現在，你可以逼近雁群了。」老獵手提醒道。

於是，年輕人大搖大擺地走進了蘆葦地。雁奴雖然瞧在眼裡，但也懶得再管了。這時，年輕獵手拉滿了弓……

永遠有利息在人間

> 德國大文豪歌德曾說：
> 若要喜歡你自己的價值，
> 你就得給世界創造價值。

著名學者陳之藩在年輕時，胡適先生給了他一張四百美元的支票，資助他到美國留學，陳之藩後來有了錢馬上就還給胡先生，還寫了一封信致謝。

胡適接到信後給陳之藩寫了回信：「之藩兄：謝謝你的來信和支票，其實你不應該這樣急於還此四百美元。我借出的錢，從來不盼望收回，因為我知道我借出的錢總是『一本萬利』，永遠有利息在人間。」

「永遠有利息在人間。」說得多麼好啊！

一個人在世上能把私利看淡到如此境界，確實是不容易的。

陳之藩在後來說：「我每次讀這封信時，並不落淚，而是自己想洗個澡。我感覺自己污濁，因為我從來沒有過這樣澄明的見解，與這樣廣闊的心胸。」

給予他人的恩惠，必會在人間得到豐厚的「利息」！

自己是自己的鏡子

以銅為鏡，可以正衣冠，
以人為鏡，可以明得失。
然而，時時以己為鏡，才處處可以看得到真實。

愛因斯坦在中學時代，由於整日與一群調皮貪玩的孩子在一起，致使自己有好幾門功課都不及格了。

一個週末的早上，愛因斯坦像往常一樣，拿著釣魚竿正準備和那群孩子一起去釣魚。這時，父親攔住了他，心平氣和地對他說：「愛因斯坦，你整日貪玩且功課不及格，我和你的母親很為你的前途擔憂。」

「有什麼可擔憂的，傑克和羅伯特他們也沒及格，不也是照樣去釣魚嗎？」

「孩子，話可不能這樣說。」父親充滿關愛地望著愛因斯坦說：「在我們故鄉流傳著這樣一個寓言，我希望你能認真地聽一聽——

「話說有兩隻貓在屋頂上玩耍。一不小心，一隻貓抱著另一隻貓掉到了煙囪裡。

「當兩隻貓從煙囪裡爬出來時，一隻貓的臉上沾滿了黑灰，而另一隻貓的臉上卻乾乾淨淨。乾淨的貓看見滿臉黑灰的貓，以為自己的臉也又髒又醜，便快步跑到河邊洗了臉。而黑臉貓看見乾淨的貓，以為自己的臉也是乾淨的，就大搖大擺地到街上閒逛

去了。結果，嚇得其他的貓都四下躲避，以為見到了妖怪。

「愛因斯坦，誰也不能成為你的鏡子，只有自己才是自己的鏡子。老是拿別人當成自己的鏡子，天才也許會照成傻瓜的。」

愛因斯坦聽了之後，十分羞愧地放下了魚竿，回到了自己的小房間裡。

從此，愛因斯坦收起了貪玩的心，時常用自己作為鏡子來審視和映照自己，終於映照出了他人生的璀璨光芒。

石頭開花？

> 沒有什麼錯誤是不可以改正和原諒的。
> 一個真心向善的念頭，便是世上最罕有的奇蹟。
> 給錯誤一個改過機會，或許可以拯救一個靈魂。

　　在一個深秋的清晨，朝陽還沒有升起，寺院山門外凝滿白霜的草地上，跪著一個中年人。「師父，請原諒我吧！」他對從山門裡走出來的方丈喊道。

　　二十年前，他曾是這座寺院裡的一個沙彌，極得方丈喜愛。方丈將滿懷希望寄託在他身上，一心想將他培養成自己的衣缽傳人。但他終沒能抵擋住寺外滾滾紅塵的誘惑，在一個月夜背著方丈偷偷下了山。

　　從此，他沈迷在燈紅酒綠的世界中，花街柳巷、歌廳酒樓，他盡情地放浪自己。

　　不久前的一個深夜，他在一次醉酒中陡然驚醒，彷彿記不起自己是誰，以及為什麼活在這個世界上。窗外月色如霜，清冷地灑在他的身上臉上。他忽然對二十年來渾渾噩噩的生活深深懺悔起來，淚流滿面。繼而他披衣而起，急急趕往寺院去找自己當年的師父。

　　「師父，您能原諒我過去種種的過錯，請您再收留我做一回弟子好嗎？」

　　方丈看著這個當初自己深深喜愛，而後又讓他失望透頂的弟

子，堅決地搖頭。但已經醒悟了的弟子此時很虔誠，他跪地不起，以頭觸地，一再請求師父原諒和收留。

「不，你罪孽深重，當墜地獄。要想我寬恕你，除非……」方丈信手一指佛堂門外的石桌，「那石桌上會自己開出花來。」說罷轉身而去──過了很久，見師父終不肯寬恕自己，中年人只好絕望地離開了寺院。

可奇蹟就在當天晚上發生了。當次日方丈一早開門去禮佛的時候，他驚呆了──一夜間，石桌上真的滿是大簇大簇的花朵，紅的，白的，黃的，每一朵都芳香逼人。四下裡一絲風也沒有，可那些盛開的花朵卻簌簌急搖，彷彿是在急切呼喚著什麼……

方丈在一瞬間大悟。他連忙下山去尋找那個浪子回頭的弟子，但最終沒能找到。是夜，方丈圓寂了。臨終，他對身邊的弟子說：「你們要記取我的教訓。世上沒有不能原諒或不能改正的錯誤！」

信守承諾的故事

> 勇於信任他人是對別人人格的一種肯定，
> 而守信則是不辜負他人對自己的信任。
> 人類就是在信任的基礎上，才能有所連結。

在古時候，有個人因為犯了一個很嚴重的錯誤，國王要將他處死。他請求國王再寬限三天，因為他要回去向家人告別，三天後他會回來受罰。

起初，國王不同意。這時，他的一位朋友站了出來，說：「我願意用自己的生命為他擔保，假如三天後他沒有回來，我願意代他受死。」

國王和眾臣商量了一會兒，同意了。

他回去後的第三天上午，從前一天就開始下的大雨使得很多村莊都快被洪水淹沒了，而他也在回刑場的路上被洪水困住了。

很快到了第三天的黃昏，他沒回來，他的朋友被押上了刑場，準備動刑之際……

正在這關鍵的時刻，他趕到了，渾身是傷。

「哇！哇！他回來了！」全場譁然。

最後，國王被他們的友誼感動了，免除了他的死刑！

沐浴的麻雀

> 世間萬象，一草一木，都有其存在的道理。
> 最大關懷是尊重，最美情操是體貼別人。
> 尊重與體貼他人，才構成了社會的和諧。

　　一位老和尚和一位小和尚在化緣途中路經一條小溪，走著走著，快到小溪時，老和尚忽然停下了，並示意小和尚不要做聲——原來，他看到兩隻小麻雀正在溪水中洗澡。

　　不知等了多長時間，兩隻渾然不覺的小麻雀洗澡洗夠了，才嘰嘰喳喳地飛走了。

　　小和尚抱怨地說：「為了兩隻小麻雀，居然耽誤了咱們這麼長時間，真急人！」

　　老和尚意味深長地說：「世間的生物不分大小，都有其各自的生活和享樂。我們出家人要慈悲為懷，愛惜蒼生。尤其是在小麻雀們沐浴的時候，牠們的心中和意識中肯定蘊含著聖潔的觀念。雙雙戲水，洗盡牠們百里飛行的征塵。這是多麼動人、多麼幸福的情景啊！」

失去一百萬的承諾

> 信守承諾是人生的一種美德，
> 它看似平淡，價值卻是無法估量的。
> 只有能做到信守承諾，才是值得被信任的人。

　　二十多年前，成龍當時還是香港邵氏影業公司旗下的一名普通演員，跟隨羅維導演拍攝一部武打片。

　　一天，另一家電影公司的導演何冠昌，通過成龍的好朋友找到他，並約他吃飯。

　　席間，何導演問成龍：「你現在的月薪是多少？」

　　「已經能拿到三千元了。」成龍很坦誠很驕傲地說。

　　「你是否考慮跳槽加盟我們的電影公司？如果你因為加盟我們公司，而與邵氏公司解約的話，我們願意替你支付違約金。」說完，何導演拿出一張一百萬元的現金支票放在成龍的桌前，「同時，我們還額外付給你加盟費。」

　　成龍看著面前的支票，說實在話，他長這麼大還從來沒有見過這麼多錢，數了半天也沒弄清那張支票到底是多少錢。支票上面的那些零，讓成龍感到有些眼花撩亂，手足無措。一時間，不知該拒絕還是該接受。

　　何導演看出了成龍的心思，笑著將那張支票塞在他的口袋裡，說讓他考慮之後再答覆。

　　回到公司後，成龍悄悄找到他的經紀人陳志強，把這件事情

告訴了他。當成龍從陳志強口中得知那張一百萬元的現金支票時，他著實被嚇了一跳。他感到事情有些嚴重了，像一個闖了禍的孩子似的，內心忐忑不安地去找羅維導演商量。

羅維導演一聽立即發火了，劈頭蓋臉地對成龍說：「簽了合同就是承諾，你答應人家的事情一定要把它完成，不能半途而廢。年輕人，要想成功地做事，首先要成功地做人；做事關係一事成敗，做人牽繫一生的成敗。」

成龍無言以對。於是，老老實實地將那張一百萬的現金支票退給了何導演。

一年之後，成龍跟隨羅導演拍攝了《醉拳》，一舉成名，創下了當時香港電影票房的新紀錄。之後，成龍的片酬也漲到了二百多萬，後來成為了國際巨星。

為了一個承諾，成龍失去了一百萬，但他得到了幾十個幾百個一百萬……

敗在「弄巧」

> 弄巧成拙，屢試不爽。
> 投機取巧的人，往往會「偷雞不成反蝕把米」，
> 反而把自己將要到手的成功給丟掉了。

有家報社欲招聘一名副刊編輯，先筆試，後面試。

筆試分數最高的是個25歲的中文系畢業生。他寫作天分極高，僅短短的幾年間，就有數百篇作品問世；隨著他在本地文人圈子中名氣越來越大，作家協會準備吸收他為新會員。但令人奇怪的是，這個青年接到通知前去面試的時候，負責接待的工作人員卻告訴他，半個小時前，總編已取消了他的面試資格。也就是說，他在原因不詳的情況下落聘了。

青年感到異常憤怒，在走廊裡大吵大鬧，說報社招聘純粹是一個騙局，並要求他們做出令自己滿意的解釋。這時，總編走來，把青年請進了他的辦公室。為了得到這份適合自己特長和愛好的工作，青年極力壓制心中的怒火，向總編講述了這幾年他在文學創作上取得的成績，又頗為賣弄地發表了一些如何辦好副刊的意見。

在青年講述過程中，總編始終一言不發，默默地聽著。講完以後，青年從總編的表情上看出，他的這些話白說了，根本沒有能使對方回心轉意，就沮喪地問：「筆試的分數我最高，而且也發了面試通知，你們為什麼突然又不聘用我了呢？」

總編從桌子上拿起青年自己填寫的那張表，說：「答案就在你的簡歷上，自己看吧！」

　　青年翻開了那張表格，看了之後，臉騰地一下就紅了，他什麼話也沒說，轉身默默地走出了總編的辦公室。

　　那個青年簡歷的其中一項，是這樣填寫的──某某省作家協會會員（申請中）。只見有人在後面用紅筆寫了這樣幾個字──諾貝爾文學獎獲獎者（幻想中）。

第四章

追求完美，
不要追求太完美

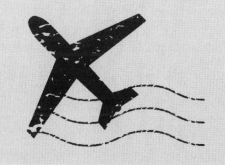

知足是一種境界

> 欲望是人類前進的動力。
> 但也要知道什麼時候該往回跑。
> 不然，就會在欲望中沈淪迷失。

有一個農夫，每天早出晚歸地耕種一小片貧瘠的土地，累死累活，收效甚微。

一位天使可憐農夫的境遇，就對農夫說，只要他能不停地跑一圈，他跑過的地方就全部歸他所有。

於是，農夫興奮地朝前跑去。跑累了，想停下來休息一會兒，然而一想到家裡的妻子兒女們都需要更多的土地來生活，又拼命地再往前跑……

有人告訴他，你到了該往回跑的時候了，不然，你就完了。農夫根本聽不進去，他只想得到更多的土地，更多的金錢，更多的享受。可是，最後終因心衰力竭，倒地而亡。生命沒有了，土地沒有了，一切都沒有了，欲望使他失去了一切。

方丈的智慧

> 正常的欲望本來不是罪過，
> 然而貪婪就絕對是罪過了。
> 所以說，欲望無邊，凡事有度。

方丈下山遊說佛法。在一家店鋪裡看到一尊釋迦牟尼佛像，青銅所鑄，形體逼真，方丈大悅，若能帶回寺裡，開啟其佛光，永世供奉，真乃一件幸事。

可店鋪老闆要價五千元，分文不能少，因見方丈如此鍾愛它，更咬定原價不放。

方丈回到寺裡對眾僧談起此事，眾僧很著急，問方丈打算以多少錢買下它。

方丈說：「五百元足矣！」

眾僧唏吁不已：「那怎麼可能！」

方丈說：「天理猶存，當然有辦法，萬丈紅塵，芸芸眾生，慾壑難填，則得不償失啊，我佛慈悲，普渡眾生！」

「怎樣普渡他呢？」眾僧不解地問。

「讓他懺悔。」方丈笑答。

眾僧聽完更不解了。

方丈說：「只管按我的吩咐去做就行了。」

方丈讓弟子們喬裝打扮了一下。第一個弟子下山去店鋪裡和老闆砍價，弟子咬定四千五百元，未果回山。

到了第二天，就由第二個弟子下山去和老闆砍價，咬定四千元不再加價，亦未果回山。

　　就這樣，直到最後一個弟子在第九天下山時，所給的價已經低到二百元了。眼見那一個個買主，一個比一個價給得低，老闆很是著急，每一天他都後悔不如以前一天的價格賣給前一個人了，他深深地怨責自己太貪心。

　　到了第十天時，他在心裡說：「今天若再有人來，無論給多少錢，我都要立即出手。」

　　第十天上午，方丈親自下山，說要出五百元買下它，老闆高興得不得了——竟然又反彈到了五百元！當即出手，高興之餘欲送方丈龕台一具。

　　方丈得到了那尊銅像，謝絕了龕台，單掌作揖笑曰：「欲望無邊，凡事有度，一切皆適可而止啊！善哉，善哉……」

攀崖選方丈

> 明者因境而變，
> 智者隨情而行。
> 忘名利而順境行之的人，得大自在。

一位高僧，是一座大寺廟的方丈，因年事已高，心中思考著準備接替之人。

一日，他將兩個得意弟子用繩索吊放於寺院後的懸崖之下，對他倆說：「你倆誰能只憑自己的力量，從懸崖下攀爬上來，誰將是我的接替之人。」

這兩個弟子，一個叫明堅，一個叫明遠。

懸崖之下，身體瘦弱的明堅，屢爬屢摔，摔得鼻青臉腫，還頑強攀爬，當拼死爬至半壁無處著力時，摔落崖下，頭破血流，氣息奄奄，最後高僧不得不用繩索，將他救上來。

而身體強健的明遠，攀爬幾次不成功後，便沿著懸崖下的小溪，順水而下，遇樹林，出山谷，然後遊名山，訪高師，彷彿忘了接班這回事。

一年之後，明遠才回到寺中。高僧不但沒有罵他怯懦怕死，將他趕出寺門，反而決定他為接班人。

這時，眾僧個個不解，年老的高僧微笑解釋道：「寺院後懸崖極其陡峭，是人力不能攀登上去的。懸崖之下，卻有路可尋，

若為名利所誘，心中則只有面前的懸崖絕壁。天不設牢，而人自在心中建牢。

「在名利牢籠之內，徒勞苦爭，輕者苦惱傷心；重者傷身損肢；極重者粉身碎骨。攀爬懸崖，是師出奇題，驗看弟子心境如何？能不入名利牢籠，心中無牢，順天而行者，便是我的意中人。」

不久，高僧在安詳中圓寂。

明遠成為這座大寺廟的住持，寺廟香火鼎盛，僧徒日眾。

花朵靜悄悄地開放

> 真正有學問有道行的人，
> 不見得會去張揚和炫耀。
> 擁有了智慧，還需要懂得內歛。

寺院裡接納了一個年方16歲的流浪兒，這個流浪兒的頭腦非常的靈活，給人一種腳勤嘴快的伶俐感覺。灰頭土臉的流浪兒在寺裡剃髮沐浴之後，就變成了個乾淨俐落的小沙彌。

法師一邊關照他的生活起居，一邊苦口婆心、因勢利導地教他為僧做人的一些基本常識。看他接受和領會問題比較快，又開始引導他習字念書、誦讀經文。

也就在這個時候，法師發現了小沙彌的致命弱點——心浮氣躁，喜歡張揚、驕傲自滿。

例如，他剛學會幾個字，就拿著毛筆滿院子寫、滿院子畫；再如，他一旦領悟了某個禪理，就一遍遍地向法師和其他僧侶們炫耀；更可笑的是，當法師為了鼓勵他，剛剛誇獎他幾句，他馬上就在眾僧面前顯擺賣弄，甚至把任何人都不放在眼裡，大有惟我獨尊、不可一世之勢。

為了改變和遏制他的不良行為和作風，法師想了一個用來啟發、點化他的非常美麗的教案——這一天，法師把一盆含苞待放的夜來香送給這個小沙彌，讓他在值更的時候，注意觀察一下花卉的生長狀況。

第二天一早，還沒等法師找他，他就欣喜若狂地抱著那盆花一路招搖地主動找上門來，當著眾僧的面大聲對法師說：「您送給我的這盆花太奇妙了！它晚上開放，清香四溢，美不勝收。可是，一到早晨，它又收斂了它的香花芳蕊……」

　　法師就用一種特別溫和的語氣問小沙彌：「它晚上開花的時候，吵你了嗎？」

　　「沒、沒有，」小沙彌高興地說：「它的開放和閉合都是靜悄悄地，才不會吵我呢！」

　　「哦，原來是這樣啊，」法師以一種特殊的口吻說：「老衲還以為花開的時候，得吵鬧著炫耀自己一番呢！」

　　小沙彌愣怔一陣之後，臉上刷地一下就紅了，諾諾地對法師說：「弟子受教了，弟子一定痛改前非！」

成功：簡單事、重複做

> 在人生的道路上，
> 如果你沒有耐心去等待成功的到來，
> 那麼，你只好用一生的耐心去面對失敗。

　　一位著名的推銷大師，即將告別他的職業生涯。應社會各界的邀請，他將在體育館，做告別職業生涯的演說。那天，會場座無虛席，人們在急切地等待著這位大師精采演講。

　　幕帘徐徐拉開，舞臺的正中央吊著一個巨大的鐵球。為了掛起鐵球，臺上搭起了高大的鐵架。一位老者在人們熱烈的掌聲中走了出來，而兩位工作人員，則抬著一個大鐵錘，放在老者的面前。主持人對觀眾說：「請兩位身體強壯的人到臺上來。」轉眼間，已有兩名動作快的年輕人跑到臺上。

　　老人這時開口了：「請你們用這個大鐵錘，去敲打那個吊著的鐵球，直到把它盪起來。」

　　一個年輕人搶先拿起鐵錘，拉開架式，掄起大錘，全力向那吊著的鐵球砸去。一聲震耳的響聲，那吊球卻紋絲不動。他接著用大鐵錘不斷砸向吊球，鐵球還是不動。很快他就氣喘吁吁了。另一個人也不甘示弱，接過大鐵錘把吊球打得叮噹響，可是鐵球仍舊一動不動。台下逐漸沒了呐喊聲，觀眾好像認定那是沒用的，就等著老人做出什麼解釋。

　　會場恢復了平靜。老人從上衣口袋裡掏出一個小錘，對著鐵

球「咚」敲了一下，停頓一下，再用小錘「咚」敲了一下。人們奇怪地看著，老人就這樣自顧自地不斷敲下去。十分鐘過去了，二十分鐘過去了，會場早已開始騷動，有的人乾脆叫罵了起來。

老人卻不聞不問，只管持續一敲一停地，好像根本沒有聽見人們在喊叫什麼。有人開始忿然離去，會場上出現了一片的空缺。留下來的人們好像也喊累了，會場漸漸地安靜下來。

大概在老人進行到四十分鐘的時候，坐在前面的一個婦女突然尖叫一聲：「球動了！」

剎那間，會場立即鴉雀無聲，人們聚精會神地看著那個鐵球。那球只是以很小的擺度動了起來，不仔細看很難察覺。老人仍舊一小錘一小錘地敲著，吊球在老人一錘一錘的敲打中越盪越高，它的巨大威力強烈地震撼著在場的每一個人。

終於，場上爆發出一陣陣熱烈的掌聲。

跌倒後不要急於走開

> 在這個世界上，從來沒有絕對的失敗，
> 有時只須稍微調整一下思路，
> 失敗就有可能向成功轉化。

美國人約瑟夫・霍希哈在第一次世界大戰即將結束時，用低價買下雷卡瓦那鋼鐵公司，結果由於戰爭迅速結束，雷卡瓦那鋼鐵公司的股票暴跌，他也賠得只剩下四千美元了。

本想做一次聰明的投機生意，不料聰明反被聰明誤，約瑟夫已趨於破產的邊緣了。但他並沒有放棄股票生意，而是分析失敗的原因，尋找新的機遇。

一九二四年的一天，他很偶然地發現未列入證券交易所買賣的某些股票，實際上是有很大利潤可圖的，而這些股票並不被金融大亨們所看著重。並且，買賣這種股票雖然週期略長，但風險卻極小。於是，他立即放棄了證券的場外交易，開始做起未列入證券交易所買賣的股票生意來。

經過一年的努力，他終於開辦了自己的證券公司——霍希哈證券公司。到一九二八年，約瑟夫已成為了一個成功的股票經紀人，他的公司每月利潤都能達到二十萬美元左右，在當時美國的金融界擁有了令人羨慕的一方領土，並由此最終成為世界金融領域中的天之驕子。

你為什麼成不了神

> 很多人之所以不能成為聖人，
> 不在於他的努力不夠，
> 而在於他那醜陋的靈魂。

　　神對一隻猴子說：「可憐的猴子，你在猴王爭霸中失敗了，被逐出猴群，流離失所，孤苦伶仃，朝不保夕——現在，我準備給你一個脫離苦海的機會，點化你成人。」

　　猴子跪倒，感激涕零。

　　神問：「成人後，你想做的第一件事是什麼？」

　　猴子立即回答道：「我要做的第一件事就是拿桿獵槍重返猴群，殺死那個可惡的猴王，取而代之。哈哈！所有的母猴都是我的，所有好吃的都先由我挑選，享不盡的榮華富貴……」

　　話沒說完，眼前的神忽然不見了。

盲人和跛子

> 每個人都非完人，都有許多自己無能為力的東西，
> 如果我們在接受他人幫助或在別人有難時伸出援手。
> 那麼這個社會將會更圓滿、更向前推進。

　　一天，上帝對一個盲人、一個跛子以及兩個壯漢說：「你們沿著這條路一起出發，誰先把成功之門打開，他想要什麼我都將滿足他。」

　　兩個壯漢看了看盲人和跛子，以嘲諷地口吻說道：「你們也配去打開成功之門，簡直是天大的笑話。」

　　上帝一聲令下，比賽正式開始了。

　　只見兩個壯漢拔腿就跑，其速度之快，猶如風馳電掣。而盲人因為眼疾，只能一步一個試探地前進，跛子雖然明確前方的目標，卻也只能以緩慢的速度前行。

　　經歷了無數坎坷磨難之後，盲人和跛子達成了一項協定。兩個人取長補短，互幫互助共同到達終點。達成共識後，盲人揹起了跛子，成了跛子的腿，跛子給盲人指路，成了盲人的眼睛，就這樣，他們一步步向成功的大門逼近。雖然壯漢在前面遙遙領先，但盲人和跛子始終堅持著前進的信念。

　　很快，兩個壯漢臨近了終點，盲人和跛子看來是沒有希望了。然而，就在這時，一個壯漢突然停了一下，狠狠地將另一個壯漢推倒在地，自己又向前跑去，被推倒的壯漢迅速地爬了起

來，追上前者，一腳踢在對方的後腿上。終於，兩人廝打起來，他們誰都不許對方先推開成功之門。

就在兩個壯漢相互糾纏在一起的時候，兩個影子正向他們的方向移動過來，不，應該是一個影子才對！儘管盲人和跛子最初的速度極慢，合作之後的速度仍相對緩慢，但他們還是趕上了兩個壯漢。兩個壯漢因為互相阻撓，都沒注意周圍事物的變化。他們心中只有一個信念——不讓對方前進一步。卻忽視了盲人和跛子的到來。

盲人和跛子因為相互幫助，慢慢地走到了最前面。

在成功之門的前面，盲人和跛子並沒有相互拋棄，而是彼此示意了一下，共同打開了成功之門。當成功之門被開啟之時，兩個壯漢這才悔不當初。

盲人放下了跛子，他們雙手交握著，喜極而泣。

上帝微笑著說：「恭喜你們，你們成功了。現在，我將滿足你們的願望。」

盲人說：「我想看看這世界是怎麼樣的。」於是他看見了光明。跛子說：「我想靈活地跑跳。」於是他扔掉了拐杖。

成功之路

> 耐心、專注、自信，
> 就是邁向成功之路的三大要素。
> 很多的失敗就因為是半途而廢。

一個急於成功的人，在尋找成功的路上遇見一位智者，便向他打聽說：「走哪一條路才能夠得到成功？」

智者沒有說話，只是把手向遠處一指。這個人看看智者指引的方向，十分激動，他認為成功近在咫尺，很快便可以得到，於是向著智者所指點的方向大步奔去。

不久，路上傳來咕咚一聲，正是那人摔倒的聲音。

「哎呀！」那人疼得叫了起來。

過了一會兒，這個人滿身塵土、一瘸一拐地走了回來。他尋思著自己一定是誤解了智者的意思，再次向智者問了一遍那個問題，智者依舊把手指向那個方向。

這個人半信半疑，但他還是順從地沿著這條路走去。

很快，路上又傳出一聲咕咚，緊接著又是一聲「哎呀！」

這回他是爬著回來的，衣衫襤褸，渾身血污，一臉憤怒。

「我問的是，走哪一條路方能夠成功！」他向智者咆哮道：「我完全是按照你所指引的方向走，但我所得到的卻只有痛苦與受傷！不要再用手指了！用你的嘴巴告訴我成功的方向！」

這時，智者終於開了口，他說：「成功確實就在那個方向。就在距離你摔倒的地方不遠之處。」

每個人都夢想著成功。可是，面對眾多紛亂的事物，卻可能茫然不知所措。殊不知，成功是一步步積累的結果，大的成功都是一個個小成功匯集而成。想取得成功，需要從小事做起。每件小事一般都較容易成功，而這小小的成功最能調動你的激情，驅使你繼續奮進，使你取得更大的成就。

奇蹟之謎

財富就在我們的身邊，就在我們的手裡，
只是看你是否肯動手去做，
是否懂得利用各種可能的條件，是否有美好的願望。

　　美國東部有一個小鎮，因為小鎮上的居民幾乎都是從大洋彼岸逃難過來的窮人，沒受過什麼教育，也沒有什麼特殊的本領，所以儘管經歷了幾十年的發展，小鎮的建設沒有多少改觀，還是最初的兩條窄窄的泥土街道，一些破破爛爛的房子，沒有一個企業，惟一的商業就是小鎮中的雜貨店，居民依然十分貧窮。

　　有一天，一位享有世界聲譽的著名的經濟學家來到了這裡，他讓自己的學生把小鎮上的人召集到鎮中心的一塊空地上。大家都很踴躍，大家都知道了他是著名的經濟學家，他們都認為他一定是給小鎮找到了足以讓小鎮富裕起來的稀有資源。

　　但是，當大家都來到以後，現場的情景讓大家驚奇了，大家發現經濟學家在中心架了一口大鍋，大鍋裡是滿滿一鍋的清水，在鍋的一邊堆著幾塊被洗得乾乾淨淨的石頭，他們的哈佛子弟正按照導師的要求起勁地往鍋底添柴。大家迷惑了，這些石頭不過是小鎮附近山上隨處可見的普通石頭，經濟學家想做什麼呢？

　　沒有多久，大鍋的水燒開了，經濟學家把幾塊石頭放到了鍋裡煮起來。他告訴小鎮上的人們，他發現小鎮附近山上的石頭不是普通的石頭，是一種能夠煮出美味湯的石頭。現在就給大家做

個實驗，一會大家就會喝到鮮美無比的石頭湯了。

所有的人都睜大了眼睛，大家都是滿臉不相信。

過了一刻鐘以後，經濟學家說：「湯做好了，但是我沒有帶鹽，誰給我拿點鹽來。」一個人飛快地回家拿來了鹽，經濟學家又說：「要是再放些蝦米，味道就更好了。」一個人拿來了蝦米，經濟學家又說：「要是再放些野菜，就更豐富了。」

一個小女孩正好剛剛從山上挖了野菜回來，就交給了他。

最後，他又借了雞湯塊，借了太白粉，借了肉丁，借了胡椒，借了醋和醬油，全都按照一定的比例放了進去。

這個時候，大家發現，隨著經濟學家往鍋裡不斷地增添東西，鍋裡湯的味道漸漸地變得奇異鮮美起來，空地的上空美味彌漫，有海味，有野味，不亞於任何一種美味湯。大家都分到了一碗，都感覺這石頭湯真的鮮美無比。

就是這個小鎮，在五年以後，成為美國東部最大的作料和蔬菜種植基地之一，小鎮的財富以幾何級數增長，成為美國東部的最有活力的新興城市。當人們探討小鎮的奇蹟之謎時，人們說：「沒有想到，原來奇蹟很簡單，那就是經濟學家的石頭湯。」

天才商人的祕密

> 天才商人的祕密不在於懂得如何叫賣，
> 而是創造性的思維和準確把握機會。
> 所謂「天才」就是見到別人沒發現的。

　　有一天，他在大街上撿到一隻蝙蝠，便決定用牠為資本做點買賣。他把蝙蝠送給一家藥店，得到一枚錢，他用這枚小錢買了一點糖漿，又用一隻水罐盛滿一罐水。他看見一群製作花環的花匠從樹林裡採花回來，便用勺子盛水給花匠們喝，每勺裡擱一點兒糖漿。

　　花匠們喝完後，每人送給他一束鮮花。他賣掉這些鮮花，第二天又帶著糖漿和水罐到花圃去。這天，花匠臨走時，又送給他一些鮮花。他用這樣的方法，不久便積聚了八個銅幣。

　　有一天，有座富人的花園裡滿地都是被狂風吹落的枯枝敗葉，園丁不知道該怎麼清除它們。他走到一群玩耍的兒童中間，分給他們糖果。頃刻之間，兒童便幫他把所有的枯枝敗葉撿拾一空，堆在花園門口。

　　這時，有一位陶工為了燒製食具，正在尋找柴火，看到花園門口的這堆枯枝敗葉，就從他手裡買下來運走了。

　　這天，他帶著賣柴火得到十六個銅幣和水罐等五樣食具。在離城不遠的地方，設置了一個水缸，免費供應給五百個割草工，割草工們都很想報答他。他四處遊蕩，結識了一個陸路商人和一

個水路商人。

　　陸路商人告訴他：「明天有個馬販子帶著五百匹馬進城來。」聽了陸路商人的話，他對割草工們說：「今天請你們每人給我一捆草，而且，在我的草沒有賣掉之前，你們不要賣自己的草，行嗎？」

　　他們同意道：「行！」馬販子到來後，走遍了全城，也找不到飼料，只得出一千銅幣買下他的五百捆草。

　　幾天後，水路商人告訴他：「有條大船進港了。」

　　他立即僱了一輛備有侍從的車子，來到港口，用所有的錢訂下了全船的貨物。然後，他在附近搭了個帳棚，吩咐侍從道：「當商人們前來求見時，你們要通報三次。」

　　大約有一百個商人前來購貨，但得到的回答是：「全船貨物都包給一個大商人了。」聽了這番話，商人們就到他那裡去了。

　　侍從按照吩咐，通報三次後才讓商人們進入帳棚。

　　一百個商人每個人給他一千元，取得船上貨物的分享權，然後他們每個人又給他一千元，分別取得全部貨物的所有權。

　　就這樣，他很快就成為一個富翁了。

取勝之道

> 牛頓就說，他是站在巨人的肩膀上。
> 在一個團隊中，個人的表現突出，
> 並不能提高團隊的戰力！

公牛隊是籃球史上最偉大的一支球隊。一九九八年七月，它在全美職業籃球總決賽中戰勝爵士隊後，已取得第二個三連冠的傲人成績。

但公牛隊的征戰並非所向披靡，而是時刻遇到強有力的對手，有時勝得如履薄冰。決戰的對手常在戰前仔細研究公牛隊的技術特點，然後制定出一系列對付它的辦法。辦法之一，就是讓麥可‧喬丹個人得分超過40分。

聽起來挺滑稽，但研究者言之有理：喬丹發揮不好，公牛隊固然贏不了球，喬丹正常發揮，公牛隊勝率最高；喬丹過於突出，公牛隊的勝率反而下降了。因為喬丹得分太多，則意味著其他隊員的作用下降。公牛隊的成功有賴於喬丹，更有賴於喬丹與別人的協作。

社會是一張大大的網，而個人則是網上小小的點，不管你做什麼事，你都以某種方式與別人發生著關聯。

與人協作也就是認識別人的價值，借用別人的價值，哪怕在最純粹的理論研究領域，這一點也是很重要的。

名片

> 推銷就在拒絕那一刻開始。
> 一而再、再而三地,
> 以自己的耐性,敲開客戶的心扉。

一個業務員想和一家公司的總經理見面,他請祕書把自己的名片遞了進去。

總經理正忙著,不耐煩地把名片丟了回去。祕書退了出來,把名片還給了業務員。

業務員很客氣地說:「沒關係,我下次再來拜訪,請總經理留下這張名片就行了。」

在業務員的請求下,祕書又進去,再一次把名片遞給了總經理。

總經理發火了,把名片一撕兩半,丟回給了祕書,並從口袋裡拿出十塊錢,說:「十塊錢買他一張名片,夠了吧!」

當祕書出來,把情況說明以後,業務員非但沒生氣,還很開心地說:「請妳跟總經理說,十塊錢可以買兩張我的名片,我還欠他一張。」

邊說邊又從口袋裡掏出一張名片,交給祕書拿了進去。

這一次,總經理在祕書進去之後不久走了出來,微笑著說:「你進來吧,我不跟你談生意,還和誰談?!」

兩隻螞蟻

> 有些人為了失敗而嘗試，
> 有些人卻是為了成功而嘗試，
> 所有偉大的事，都是因為堅持而得以實現。

非常不幸，兩隻螞蟻誤入玻璃杯中。

牠們慌張地在玻璃杯底四處觸探，想尋找一個縫隙爬出去。不一會兒，牠們便發現，這根本不可能。於是，牠們開始沿著杯壁向上攀登。看來，這是通向自由的惟一路徑。然而，玻璃的表面實在太光滑了，牠們剛爬了兩步，便重重地跌了下來。

揉揉摔疼了的身體，爬起來，再次往上攀登。很快，牠們又重重地跌到杯底。三次、四次、五次……有一次，眼看就快爬到杯口了，可惜，最後一步卻失敗了，而且，這一次比哪次都摔得重，比哪次都摔得疼。

好半天，牠們才喘過氣來。

一隻螞蟻一邊揉著屁股，一邊說：「咱們不能再冒險了。否則，會摔得粉身碎骨的！」

另一隻螞蟻說：「剛才，咱們離勝利不是只差一步了嗎？」

說罷，牠又重新開始攀登。

一次又一次跌倒，一次又一次攀登，牠到底摸到了杯口的邊緣，用最後一點力氣，終於翻過了這道透明的圍牆，而另一隻螞蟻最後就死在杯底了。

螞蟻和獅子

> 生活中有許多懸崖，小人物雖然藐小，
> 但憑藉堅忍不拔的毅力最終能翻越過去，
> 大人物卻由於自身的龐大而往往束手無策。

一頭獅子躺在大樹下休息，牠看見一隻螞蟻正在急匆匆地趕路，獅子奇怪地問：「小傢伙，你這是往哪去呀？」

螞蟻說：「我要到山那邊的大草原去，那裡可美了！」

獅子一聽就來了興趣，對螞蟻說：「你給我帶路，我來揹你，我們一起去吧？」

獅子看螞蟻面有難色，就說：「我跑得可比你快呀！」

螞蟻說：「獅子先生，不是我不帶你去，我想你是到不了大草原的。」

獅子生氣了：「這個世界上還有我去不了的地方？不就是山的那邊嘛，你慢慢爬吧，我自己先去了。」

獅子按螞蟻所指的方向趕到了一座懸崖邊，懸崖寬數十丈，深不見底，懸崖的對面就是美麗的大草原。

獅子猶豫了半天也不敢拿性命開玩笑跳過懸崖，只好垂頭喪氣地回去了。

幾天後，螞蟻也來到了懸崖邊，牠順著懸崖爬到谷底，又沿著對面峭壁爬了上去，終於來到了心慕已久的大草原。

漢堡大王的啟示

> 成功人士和其他人的差別，
> 並不在於他們的知識和力量，
> 而是在於他們「永不放棄！」

　　在美國，有一個名叫雷‧克洛克的人。他出生的那年，恰逢西部淘金熱剛結束，那是一個人人都想發大財的時代剛過去。按理說，讀完中學就該上大學，可是一九三一年的美國經濟大蕭條，使他只顧忙於生活而和大學無緣。後來他想在房地產上有所作為，好不容易才打開一點局面，不料第二次世界大戰烽煙四起，房價急轉直下，結果是──「竹籃打水一場空」。

　　為了謀生，他四處奔波、到處求職，曾做過救護車司機、鋼琴師和攪拌器推銷員。

　　就這樣，幾十年來低谷、逆境和不幸伴隨著雷‧克洛克，命運好像一直在捉弄著他。

　　雷‧克洛克雖然屢遭挫折，但熱情不減，執著追求。一九五五年，在外面闖蕩了半輩子的他回到老家，賣掉家裡少得可憐的一份產業做生意。這時，雷‧克洛克發現迪克‧麥當勞和邁克‧麥當勞兩兄弟開辦的汽車速簡餐廳生意十分紅火。經過一段時間的觀察，他確認這種行業很有發展前途。

　　當時雷‧克洛克已經52歲了，對於大多數人來說這正是準備退休的年齡，可這位門外漢卻決心從頭做起，到這家餐廳打工，

學做漢堡包。不久，麥氏兄弟的餐廳準備轉讓出去，雷‧克洛克毫不猶豫地借債二百七十萬美元將其買下，繼續經營這家餐廳。

就這樣，經過幾十年的苦心經營，「麥當勞」現在已經成為全球最大的以漢堡包為主食的速食公司，在國內外擁有一萬多家連鎖分店。據統計，全世界每天光顧麥當勞的人至少有二千萬，年收入高達四億多美元。雷‧克洛克被譽為「漢堡大王」。

生活處處有磨難，關鍵在於自己的心理是否承受得起。失敗是暫時走了彎路，而並非走進了死胡同。

無論身處何種境地，只要有熱情，有眼光，有勇氣，起步永遠不晚，成功就在腳下，寬廣的路總是為那些自強不息、審時度勢的人而準備的。

過河

> 很多時候，成功就像攀附鐵索橋，
> 失敗的原因，不是力量的薄弱，不是智商的低下，
> 而是威懾環境，被周圍的聲勢嚇破了膽。

那是處地勢險惡的峽谷，澗底奔騰著湍急的水流，幾根光禿禿的鐵索橫瓦在懸崖峭壁之間當成橋。山勢的巍峨，澗水的轟鳴，越發烘托出「橋」的危險與簡陋，經常有行者不慎失足葬身澗底。

一行四人來到橋頭，一個盲人，一個聾人，兩個耳聰目明的健全人。鐵索橋，必須攀附了，路已至此，絕無退路。四個人一個接一個地抓住鐵索，凌空前進。

結果呢？盲人過橋了，聾人過橋了，一個耳聰目明的人過橋了，另外一個則跌下鐵索橋，很不幸地喪了命。

難道耳聰目明的人，還不如盲人、聾人？

諷刺的是，他的弱點恰恰源於十分健全的耳聰目明。

盲人說：「我眼睛看不見，不知山高橋險，只是一步一步心平氣和的攀索。」

聾人說：「我的耳朵聽不見，也不管腳下急流的咆哮怒吼，恐懼相對減少很多。」

那麼過了橋的健全人呢？他的理論是：「我過我的橋，險峰與我何干？急流與我何干？只管注意落腳穩固就夠了。」

恐懼使許多人無法履行自己的義務，因為恐懼消耗了他們的精力，損害了他們的創造力。心存恐懼的人必然無法充分發揮他應當有的才能，一旦處境困難，他就會束手無策。

　　恐懼能毀滅人的自信，使人變得優柔寡斷。恐懼還會讓人動搖，不敢開始做任何事，使人懷疑、猶豫。那麼，恐懼是什麼？到底該怎樣從恐懼中走了出來？

　　其實，恐懼只是一種心理想像，是一個幻想中的怪物。認識到這一點，你的恐懼感就會消失。你的見識若廣博到足以明瞭沒有任何臆想的東西能傷害到你，你就不會再感到恐懼。

禿鷲、蝙蝠和大黃蜂

> 當你陷入自己的心靈牢獄而無法自拔的時候，
> 你只要試著改變思路，略微抬一下頭，
> 就能望見頭頂上的天空，希望就在那裡。

一天，獵人把意外捕獲的一隻禿鷲，關進一個不到一平方公尺的圍欄裡。圍欄的頂部完全敞開著，從圍欄裡面可以仰視天空。儘管禿鷲是勇猛、擅長飛行的大鳥，可惜一旦身處這樣的圍欄，牠無論如何就是飛不起來了，只得乖乖地做囚徒。

原來，禿鷲習慣於先在地上奔跑三、四公尺（助跑），然後才飛起來。當禿鷲在圍欄裡無法奔跑起來的時候，牠便放棄了起飛的念頭，甚至不做任何一點其他的努力嘗試，就選擇永遠在圍欄裡徘徊。

一般情況下，蝙蝠常在夜間出沒，黑暗中在低空飛行盤旋。牠是一種稀罕而非凡的飛行類哺乳動物，具備敏捷的飛行才能。

奇怪的是，這種動物無法從水平位置上起飛。假如你把一隻蝙蝠放置在地板或者平坦的路面上，你會觀察到這隻蝙蝠接下來惟一能做的，就是拖著一雙腳，在水平地面上四處無助地來回挪動，始終飛不起來，這時，如果你將一塊厚木塊放置在牠眼前的水平地面上，蝙蝠立刻就會借助厚木塊，憑藉著僅比地面高出來一點的海拔高度，像一道閃電，飛向空中。

倘若一隻大黃蜂被人丟進一隻敞口的杯子裡，除非後來有人將牠從杯中取出放生，否則牠會一直待在杯子裡，直至最後死亡。因為牠永遠都不會看一眼杯子頂部的逃亡出口，牠只知道在杯子底部的四壁尋找辦法，並固執地以頭碰撞杯子四壁，尋覓著出口，直到最終將自己毀滅。

生活中，有許多人正像上面說到的禿鷲、蝙蝠或者大黃蜂，遇到難題和挫折時，痛苦不堪，徘徊著、掙扎著，尋找不到出路，其實答案就在他們自己的身上。

雞蛋中找到人生方向

> 有時，財富就在我們身邊，
> 而我們卻沒有發現或是平白錯過。
> 給自己一雙慧眼吧，我們將擁抱成功。

有一位農民，靠幾畝薄田過著單調又貧困的生活，這幾乎是這個偏僻鄉村裡的人們惟一的選擇。

他也曾夢想著到外面創一番事業，但當他扛著鋪蓋到城裡過了一段打工生涯後，現實破滅了他的夢想。結果，他只能十分惆悵地又回到了家鄉。

清明節的時候，他上山給祖先上墳。下山的時候，他在草叢中發現了一窩野雞蛋，數一數共有十二個。

十二個野雞蛋如果把它煮熟，可以是一盤下酒菜，也可以填飽肚子。閃念之間，他覺得這些野雞蛋對他有非比尋常的意義。他的夢想突然從這十二個野雞蛋上，找到了一個他認為可以重新開始的方向。

之後，他把這些野雞蛋進行了孵化，結果有八隻雛雞破殼而出。他又依靠其中的六隻母雞連續繁殖，一年下來，野雞數量達到三百多隻。

這些野雞被一位香港商人看中，商人竟然開出了二萬元的高價。他沒有賣，並為此覺得欣喜萬分，這說明野雞有市場，他的判斷沒有錯。

於是，他從當地的獵戶手中大量收購各種野雞，對牠們進行雜交和繁殖，飼養規模不斷擴大，野雞成了周邊地區的搶手貨，並且遠銷到香港、廣東、上海、北京等地，獲利一百多萬元。

　　這是一個真實的故事，主人公是江西銅鼓縣的一個農民。十二個野雞蛋，創造了一百多萬元的財富，這簡直就是一個奇蹟。在那個地區，誰都可以擁有十二個野雞蛋，但能從這些野雞蛋上看到夢想的人，卻只有他一個。

獅子迪奧的母親

> 很多時候，人們總希望改掉自己的一切缺點，
> 結果，往往在改變的過程中，竟連優點也放棄了，
> 最終只能成為一個平庸之人。

　　在非洲大草原，有一頭年幼的獅子名叫迪奧，牠從小就立下雄心大志，要成為一頭最優秀最完美的獅子。

　　後來，這頭年幼的獅子發現，雖然獸類都認為獅子是草原之王，但牠有個明顯的弱點，那就是在中長跑項目中的耐力比羚羊弱，很多時候，就因為這個弱點，羚羊從嘴邊溜掉了，牠決心改變這個缺點，通過長期對羚羊的觀察，牠認為羚羊的耐力與吃草有關。

　　為了增長耐力，迪奧便學羚羊吃起草來，最後迪奧因吃草而變得體力空乏，奄奄一息。

　　母獅子發現迪奧這一做法後，便教育迪奧，說：「獅子之所以成為草原之王，不是因為沒有缺點，而是因為牠有突出的優點，牠是靠突出的觀察力、優異的爆發力、鋒利的牙齒和準確的撲跳動作，而不是靠完美才稱霸於草原的，沒有缺點的獅子是不存在的。」

迪奧聽了母親的話，開始認識到自己的錯誤，牠不再把心思放在改變自己的缺點上，而是盡力去發揮自己的優點，三年後，迪奧成了那片草原上最優秀的獅子。

　　獅子之所以成為獅子，人傑之所以成為人傑，並不是沒有缺點，而是儘量避開自己的缺點，把自己的優點發揮得淋漓盡致。

　　因此，不要老是抓住自己的缺點不放，而讓缺點妨害了我們，生活更重要的是要把優點放大，讓自己的優點打敗自己的缺點！

面試

有時候，人們無法按步就班地行事，
萬一你錯過了什麼機會，
那麼不妨試試「誠實」吧！

　　有家高級餐館要招聘一位女領班，且要面試，早已做好面試準備的萍對此胸有成竹，可是由於轉達面試的通知是寄到家裡的，而媽媽把時間記錯了，使小萍白白錯過了面試的機會。

　　她沒有抱怨，而是勇敢地闖進這家公司的總經理辦公室，挺禮貌地問聲好，然後從容地說：「錄不錄取我是貴公司的權力，我無權苛求，但我必須把話說清楚，因為這直接關係到我的信用。」

　　接著她把母親記錯時間的真相解釋了一遍，然後說了聲：「謝謝你們認真傾聽了我的解釋，再見。」當她從容轉身欲走出去時……

　　總經理突然攔住了小萍，還問了一句：「小姐，那你對本公司有些什麼建議嗎？」

　　「謝謝，如果非要讓我再說點什麼，那就是，我為我不能成為貴公司的一員而深感痛心，因為據我所知，貴公司的創始人是在八年前白手起家的，如此堅忍不拔的創業者是我最好的榜樣，可我偏偏無緣，豈不痛心？」這句話引起了總經理的極大興趣，以及感情上的共鳴，使他對萍產生了更大的興趣。

小萍走了，深受感染的總經理站了起來，興致勃勃地對在場的工作人員說：「這就是我要找的人。請通知她，我們選擇的女領班就是她。」

　　在順境和逆境兩種人生際遇中，或許每個人都能在順境中順水行舟，抓住機會。一旦面對逆境，許多人就紛紛敗下陣來，被逆境所吞噬。

　　事實上，任何逆境中都蘊藏著機會，而且這種機會的潛能和力量都十分巨大。那些善於抓住機會的高手，非常善於生存於逆境之中，因為他們知道，逆境會把他們推向更高的巔峰。

　　每個想抓住機會的人，不應為生不逢時而讓成功的機會溜走，也不應為坎坷的命運，讓成功的機會埋沒。逆境只是人生道路上的必然現象。身處於逆境中的人，只要你有一顆執著的心，它也人會成為一種機會。

只做風的生意

> 我們在生活的路上走得不好，
> 不是路太狹窄了，而是我們的眼光太狹窄了，
> 所以，最後堵死我們的不是路，而是我們自己。

　　一九五六年，松下電器與日本生產電器精品的大阪製造廠合資，設立了大阪電器精品公司，製造電風扇。當時，松下幸之助委任松下電器公司的西田千秋為總經理，自己任顧問。

　　這家公司的前身，是專做電風扇的，後來開發了排除熱氣用的排風扇。即使如此，產品還顯得很單一。西田千秋準備開發新的產品，試著探詢松下的意見。

　　松下對他說：「只做風的生意就可以了。」

　　當時松下的想法，是想讓松下電器的附屬公司盡可能專業化，以圖有所突破。可是松下精工的電風扇製造已經做得相當卓越，頗有餘力開發新的領域。儘管如此，西田得到的仍是松下否定的回答。

　　然而，西田並未因松下這樣的回答而灰心喪氣。他的思維極其靈活與機敏，他緊盯住松下問道：「只要是與風有關的，任何事情都可以做嗎？」

　　松下並未細想此話的真正意思，但西田所問的與自己的指示很吻合，所以就回答說：「當然可以了。」

　　四、五年之後，松下又到這家工廠視察，看到廠裡正在生產

暖風機，便問西田：「這是電風扇嗎？」

西田說：「不是。但它和風有關。電風扇是冷風，這個是暖風，你說過要我們做風的生意。這難道不是嗎？」

後來，西田千秋一手操辦的松下精工「風的家族」，已經是非常豐富了。除了電風扇、排氣扇、暖風機、鼓風機之外，還有果園和茶園的防霜用換氣扇，培養香菇用的調溫換氣扇，家禽養殖業的棚舍換氣調溫系統……

西田千秋只做風的生意，就為松下公司創造了一個又一個的輝煌的里程碑。

後來，西田千秋在1973年就任松下公司的社長，他腳踏實地的作風，贏得了公司全體同仁的愛戴。

空間的價值

> 如果我是對方的話，
> 處處能為他人設想，
> 就是贏得人心的妙方。

故事發生在美國北部的一個小鎮，這個小鎮仍然保持著淳樸的民風，和十八世紀的建築格局，因而成為一個旅遊懷舊的好地方。深知小鎮發展根本的人們，盡自己最大的努力維護小鎮的風貌，甚至換一片屋上的瓦也要經過全鎮推舉出來的長老會的審查。

隨著時間的推移，到小鎮來旅遊的人越來越多，小鎮的商業設施已不能滿足遊人的需要。有兩個洞察到這一商機的年輕人約翰和傑克，分別向長老會提出了申請——他們要在小鎮上建一個超市，用來向人們提供日用品和旅遊紀念品等的販賣。

長老會經過反覆磋商，終於同意了兩個人的要求，但卻附加了一個條件，那就是超市必須建在距離小鎮十公里以外的地方，以免破壞小鎮的格局。

約翰和傑克馬上籌集資金，開始建造自己的超市。他們深知，要想賺到更多的錢，就必須想盡辦法戰勝對手。約翰曾到過一些大城市，了解規模對於一個超市的重要性。因此，他充分利用了長老會給予他的這塊土地，建成了一家超市，並盡可能使店裡貨物種類更齊全。

而傑克卻只使用了土地的一半建成了自己的超市。當然，由於規模經營的關係，店裡的貨物遠沒有約翰的種類齊全。約翰暗自高興，「這次我可要賺大錢了。」

　　但事情的發展完全出乎約翰意料，兩家超市同一天開張，經營狀況卻出現了一邊倒的現象——大部分遊客和小鎮上的人都湧進了傑克的超市，而約翰這邊卻很蕭條。儘管約翰使出了渾身解數，又是大減價，又是奉送贈品，最終也未能扭轉自己破產的命運。

　　破產的約翰決定遠走他鄉，在臨行前，他拜訪了自己的對手，並對傑克說：「我承認我的失敗，但我很想知道，我究竟輸在哪裡？」

　　傑克微笑著對約翰說：「在經營上，你比我強，所以你在那塊土地上蓋出了盡可能大的一個超市，但是，我親愛的朋友，你忽略了一個重要的問題：這裡距離遊客的觀光地——我們的小鎮還有十公里的距離，所以，無論是觀光的遊客，還是返回的遊客，甚至是小鎮上的居民，他們都是駕車前來，所以，我為他們留出的那片空地——停車場。」

第五章

只要活著，
就會有奇蹟出現

心中的鎖

> 有些時候，鎖住我們的不是外界的紛擾，
> 而恰恰是我們自己在慌亂中的枷鎖。
> 凡事不衝動，只要冷靜就會有好結果。

　　一代魔術大師——胡迪尼有一手絕活，他能夠在極短的時間內打開無論多麼複雜的鎖，而且從未失手過。

　　他曾經為自己定下一個富有挑戰性的目標——要在六十分鐘之內，從任何鎖中掙脫出來，條件是讓他穿著特製的衣服進去，並且不能有人在旁邊觀看。

　　有一個英國小鎮的居民，決定向偉大的胡迪尼挑戰，有意給他難堪。他們特別打製了一個堅固的鐵牢，配上一把看上去非常複雜的鎖，請胡迪尼來看看能否從這裡出去。胡迪尼接受了這個挑戰。他穿上特製的衣服，走進鐵牢中。

　　胡迪尼從衣服中取出自己特製的工具，開始工作。三十分鐘過去了，胡迪尼用耳朵緊貼著鎖，專注地工作著；四十分鐘，一個小時過去了，胡迪尼頭上開始冒汗。最後兩個小時過去了，胡迪尼始終聽不到期待中的鎖簧彈開的聲音。

　　當他精疲力盡地將身體靠在門上坐了下來，結果，牢門卻順勢而開了。原來，牢門根本就沒有上鎖。

你準備好了嗎？

**不要為了急於表現自己，而倉促上陣，
只有在充分的準備之後，才會做得更好。
因此，有了機會，應該先評估自己的能力。**

一九八九年，柏林愛樂樂團首席指揮赫伯特‧馮‧卡拉揚突然逝世。柏林愛樂樂團素有「世界第一交響樂團」之稱，而它的首席指揮也素有「世界第一指揮」之稱。

團不可一日無「主」，柏林愛樂樂團很快決定聘請英國著名指揮家西蒙‧拉特爾擔任首席指揮。當拉特爾接到柏林愛樂樂團的聘任書時，感到很興奮，也很驚訝。

要知道，柏林愛樂樂團首席指揮的位置，幾乎是所有指揮家所嚮往的。但是，在短暫的興奮之後，拉特爾卻拒絕了柏林愛樂樂團的邀請。他對前來送聘書的負責人說：「柏林愛樂樂團是以演奏古典音樂而聞名於世的，而我對於古典音樂這門神聖的藝術的理解還不夠透徹，如果我接受你們的邀請，恐怕不能帶領柏林愛樂樂團更上一層樓，反而會起到阻礙作用。」

柏林愛樂樂團只好請了另一位著名的指揮家克勞迪奧‧拉巴多做了首席指揮。

拉特爾的拒絕令許多人不解，有些人認為拉特爾不敢接受挑戰，丟了英國人的臉。英國的《太陽報》上發表了一篇文章，標題是──「拉特爾沒能為英國人民帶來榮譽」。

對此拉特爾並不介意。他說：「再好的機會，如果你沒有能力把握，那麼還是放棄為好。」

　　從此之後，他默默地去學習去研究古典音樂。經過十年的努力，拉特爾以對古典音樂的不懈追求和透徹理解，以及自己精湛的指揮和表演一次次取得了成功，令聽眾傾倒。當然，他也再一次得到了柏林愛樂樂團的青睞。當卡拉揚的繼任者拉巴多光榮退休之後，拉特爾再一次接到了柏林愛樂樂團的邀請。

　　這一次，拉特爾沒有絲毫驚訝，也沒有絲毫猶豫，毅然接受了邀請。他說：「我現在準備好了，我有信心把柏林愛樂樂團帶到一個全新的高度。」拉特爾登上了「世界第一指揮」的寶座，他以自己出色的指揮帶領柏林愛樂樂團創造了音樂史上一個又一個奇蹟，帶領柏林愛樂樂團迎來了一次又一次輝煌。他成為柏林愛樂樂團的驕傲，也成為全英國人的驕傲。

　　二〇〇二年六月，在一次演出之後，在場的英國首相布萊爾對拉特爾說：「你的兩次選擇都是無比正確的，你是英國人的驕傲。」

算一下，你還擁有的……

> **失去一切的財富，**
> **並不意味著你的人生已經走到了盡頭。**
> **因為你仍擁有健康以及家人。**

一九二九年，華爾街股市大崩盤，是美國歷史上最嚴重的一次股災。

之後世人亦稱它為「黑色星期四、星期五」，這次的股災不只是美國經濟衰退，也衝擊全球許多地區都進入大蕭條時代。

這時，美國一家大公司的老闆憂心忡忡地回到家裡。

「你怎麼了？親愛的！」妻子笑容可掬地問道。

「完了！完了！我被法院宣告破產了，家裡所有的財產明天就要被法院查封了。」他說完便傷心地低頭飲泣。

妻子這時柔聲問道：「你的身體也被查封了嗎？」

「沒有！」他不解地抬起頭來。

「那麼，我這個做妻子的也被查封了嗎？」

「沒有！沒有！」他拭去了眼角的淚水，相當無助地望了妻子一眼。

「那孩子們呢？」

「他們還小，跟這檔子事根本無關呀！」他十分不解地看著妻子這莫名其妙的問話。

「既然如此，那麼怎能說家裡所有的財產都要被查封呢？你還有一個愛你的妻子以及一群有希望的孩子，而且你有豐富的經驗，還擁有上天賜予的健康的身體和靈活的頭腦。至於丟掉的財富，就當是過去白忙一場算了！以後還可以再賺回來的，不是嗎？」

三年後，他的公司再度成為《財富》雜誌評選的五大企業之一。這一切成就僅靠他妻子的幾句話而已！

失敗計畫

> 太多的悲劇大都因為把成功當作惟一的目標，
> 其實，失敗計畫裡也深深藏著求勝的意願、
> 成功的契機，以及超然的心緒。

何應欽有一次以一級上將的身分跑到荷蘭旅遊，荷蘭國防部接待了他，並帶他參觀了荷蘭的國防設施。參觀完畢，荷蘭人又做了一個國防簡報，向何應欽展示了一旦戰爭爆發，他們將如何應對的計畫，這份計畫之縝密、全面，讓何應欽不禁為之咋舌。

但更令何應欽驚訝的是，他看到了一份更詳細的計畫，而且是被放置在所有計畫中最顯眼的位置，以突出它的重要地位，這個計畫的名稱叫『投降計畫』。

何應欽表示很不理解，他說：「在中國人眼裡，投降是可恥的事情，是被所有人看不起的行為，而為投降做計畫會渙散軍心，是戰爭大忌，中國文化崇尚捨生取義。」

而荷蘭人的回答很從容：「我們並不認為投降是可恥的事情，經過充分地分析敵我力量和戰爭現狀後，如果勝利付出的代價太大或者完全沒有取勝的可能時，我們會投降。我們不想因為自己的頑抗，招致這個國家的人民，接受毀滅性的打擊，我們需要保存實力，需要保持國家的完整。我們將把土地、建築、河流山川都留給子孫，韜光養晦，等某一天真正強大了，再去爭取勝利。」

投降計畫，意在未來。

失敗的體驗不可能成為笑話，所以一定得經過再創造，安排一些戲劇化的效果。這麼一來，你必須將失敗的過程再回想一遍，仔細分析，找出問題的關鍵所在。久而久之，你不僅可以擁有接受失敗的勇氣，也可使成功的機率增加，從而成為一個積極向上的人

失敗之體驗的負面影響能夠使人堅強，逆轉為積極的人生。

遭遇失敗，以足夠的勇氣笑對它，並且不斷堅持、努力，才能獲得成功。

被自己淘汰

> 很多失敗往往是由於我們缺乏耐心，
> 急於取巧，結果反而弄巧成拙。
> 所以，你是被自己打敗了！

朋友從英國回來以後，反覆地對我說起英國的某某賽車公司，讓我莫名其妙。

我問他為什麼老是說起賽車公司，他說要不是被賽車公司淘汰掉，他現在已經被英國某大公司聘為總裁助理，並負責開發國內市場了，我還是莫名其妙，他只好把故事從頭到尾完整地講了一遍。

原來朋友在英國倫敦大學進修工商管理專業期間，曾經參與過倫敦大學的專業論文評選。朋友的論文很被英國企業界的一些成功人士看好。

英國皇家某大公司的總裁，親自點名要他參加該公司一年一度的職位競選。我的朋友看完了該公司的簡介以後，決定競爭較為激烈的總裁助理一職。

面試答辯等一些程式全部完畢以後，我的朋友和另外四個對手進入了最後的決賽。決賽分兩個步驟，第一步是做上任第一天的工作安排。我的朋友在國內曾在某行政單位做過管理工作，朋友以他完美的思維和東方人的謙虛贏得了讚美，結果他和另一位年輕的選手勝出。

第二步考察他們的內容竟是賽車，在接到那把車鑰匙之前，我的朋友怎麼也想不到第二步考察的內容會是這樣。朋友的車技不錯，速度很快地超過那位對手，但不幸的是他們的路線出現了堵車，朋友等了一會兒，看到後面對手的車也跟了上來，為了能儘快甩掉對手，他看了看地圖，把車調回頭去走另外一條路，結果是那位對手耐心地等到了塞車結束。而我的朋友因為走得太遠了，當他到達目的地時對手早已經到達。他被公司淘汰了。

　　那位總裁對他說：「你的性格在駕車時已經充分流露出來，一個人能耐心地等塞車通了，那麼他在工作中即使遇到危機，也能理性地去解決，自我控制和有原則對於這個職位很重要。希望你能明白你失敗的原因。」

　　我對他說原來你被賽車公司淘汰了。

　　朋友嚴肅地對我說：「不是被賽車公司淘汰了，而是被自己淘汰了。」

恪守尊嚴

> 禪宗說：一日不作、一日不食。
> 一個人即使再落魄江湖，
> 也要讓自己活得有尊嚴。

　　一九一四年的一個寒冷的冬天，美國加州沃爾遜小鎮來了一群逃難的流亡者。長途的輾轉流離，使他們每個人都面呈菜色，疲憊不堪，善良而樸實的沃爾遜人，家家都燃炊煮飯，友善地款待這群流亡者。鎮長傑克遜大叔給一批又一批的流亡者送去粥食，這些流亡者，顯然已好多天沒有吃到這麼好的食物了，他們接到東西，個個狼吞虎嚥，連一句感謝的話也來不及說。

　　只有一個年輕人例外，當傑克遜大叔把食物送到他面前時，這個骨瘦如柴、饑腸轆轆的年輕人問：「先生，吃您這麼多東西，您有什麼活兒需要我做嗎？」

　　傑克遜大叔想，給流亡者一頓果腹的飯食，每個善良的人都會這麼做。於是，他回答說：「不，我沒有什麼活兒需要您來幫忙的。」這個年輕人的目光頓時黯淡下來，他碩大的喉結劇烈地上下動了動說：「先生，那我便不能隨便吃您的東西，我不能沒有付出勞力，便平白得到這些東西！」

　　傑克遜想了想又說：「我想起來了，我家確實有一些活兒需要你幫忙。不過，等你吃過飯後，我就給你派活兒。」

　　「不，我現在就做活兒，等做完您的活兒，我再吃這些東

西！」那個青年站起來。

　　傑克遜大叔十分讚賞地望著這個年輕人，但他知道這個年輕人已經兩天沒有吃東西了，又走了這麼遠的路，可是不給他做些活兒，他是不會吃下這些東西的。傑克遜大叔思忖片刻說：「年輕人，你願意為我捶捶背嗎？」

　　那個年輕人聽了，便十分認真地給他捶背。捶了幾分鐘之後，傑克遜便站起來說：「好了，年輕人，你捶得棒極了。」說完遂將食物遞給年輕人。他這才狼吞虎咽地吃了起來。

　　傑克遜大叔微笑著注視著那個青年說：「年輕人，我的莊園太需要人手了，如果你願意留下來的話，那我就太感謝了。」

　　那個年輕人留了下來，並很快成為傑克遜大叔莊園的一把好手。兩年後，傑克遜把自己女兒瑪格珍妮許配給了他，並且對女兒說：「別看他現在一無所有，可他百分之百是個富翁，因為他有尊嚴！」

　　果然不出所料，二十多年後，那個年輕人真的成為億萬富翁，他就是赫赫有名的美國石油大王哈默。哈默窮困潦倒之際仍然有自尊、自立的精神，贏得了別人的尊敬和欣賞。

敲門的勇氣

> 在很多時候，阻礙我們前進的，
> 不是有沒有實力，也不是那些條條框框的限制，
> 而是你有沒有敲門的勇氣。

早年的法拉第是一名書籍裝釘工人，有一次，他聽說大名鼎鼎的英國皇家科學院的戴維教授要招聘一位科研助手，他興致勃勃地去報了名。

不料，考試前一天，法拉第接到通知，說他是一個普通的裝釘工人，沒資格應聘。法拉第據理力爭，但人家說除非他得到戴維教授的親自同意，否則不予考慮。

法拉第顧慮重重地來到戴維教授家門口，徘徊了好久，才鼓起勇氣敲響了門。

「門沒鎖，你進來吧！」屋裡有個老人喊了一句。

「奇怪！教授家的門怎麼不上鎖？」法拉第覺得相當奇怪地說了一句。

「要是上了鎖，在鎖別人的同時，不也把自己鎖在屋裡了嗎？」老人幽默地回答道。

這位老人就是戴維教授。他聽完了法拉第的來意和請求之後，想了想，就寫了一張條子給法拉第，並且對他說：「年輕人，你拿這個去給招聘委員會的人，就說那位戴維老頭子同意法拉第來參加考試了。」

經過嚴格的考試，法拉第脫穎而出，如願進入世界著名的皇家科學院，並最終成為赫赫有名的科學家（法拉第一七九一～一八六七英國物理學家）。

　　有時候，機會的流失往往在反覆考慮之間。所以，機會來時，你要主動打開大門迎接，以免在優柔寡斷之間喪失了它。有機會而不去經歷，你便永遠不知道在面前等待你的是什麼樣的好運了。

三瓶彩子的一生

> 不幸，並無法阻止我們揮灑生命的彩筆。
> 人啊！只要有一口氣，
> 你就必須好好地用力呼吸……

　　有一個天真可愛的小女孩，在她三歲生日的前兩天，被診斷出患有急性淋巴性白血症。此後，雖經過多次住院治療，可她的病情始終難以控制。

　　從四歲起，她開始學習畫畫。因為她最大的夢想，就是長大以後能夠成為一名出色的畫家。她最喜歡畫童話故事裡的小主人公，喜歡畫可愛的小動物。對於一個稚嫩的孩子來講，也許她還不能完全理解死亡的威脅。

　　但是，在與病魔抗爭的過程中，只要有時間，她就會打開素描本，拿起心愛的彩筆，忍著病痛的折磨，畫著腦海中所想像出的美好畫面。到七歲時，小女孩已經畫了八千多張彩筆畫。她凡是認為畫得比較好的，就讓父母為她保存起來。因為在她幼小的心靈中，一天都不曾放棄過當畫家的夢想。

　　小女孩在與病魔抗爭四年之後，懷著對生命的極大渴望，走完了她七年零九個月短暫的生命。然而，她卻為全世界的兒童留下了八千餘張美麗的彩筆畫，這個小女孩叫三瓶彩子。

　　二〇〇〇年九月十八日，彩子留下的繪畫作品，在美國明尼蘇達州的明尼阿波利斯全美骨髓病年度總會的會場中心進行了展

出。所有看過彩子畫作的人，都被她畫裡面那不懈的生存勇氣和樂觀向上的精神感染了，一個個都流下了感動的眼淚。

　　一個人生命無論長短，對於整個世界來說都是異常藐小的。而現在，我們無論身陷何種境地，或承受著多少痛苦的折磨，只要我們能夠心懷希望與勇氣，坦然迎接厄運的挑戰，並為自己心中的夢想而奮鬥；那麼，我們就會給生命留下一抹絢麗的色彩！

用微笑埋葬痛苦

> 即使心灰意冷也要活著，
> 因為只要有一口氣在，
> 心還是會慢慢溫暖起來的。

　　第二次世界大戰期間，一位名叫伊麗莎白・康黎的女士，在慶祝盟軍於北非獲勝的那一天，收到了國防部的一份電報——「您的獨生子在戰場上犧牲了。」

　　那是她最愛的兒子，那是她惟一的親人，那是她的命啊！她無法接受這個突如其來的嚴酷事實，精神接近了崩潰的邊緣。她心灰意冷，痛不欲生，決定放棄工作，遠離家鄉，然後默默地了此餘生。

　　當她整理行裝的時候，忽然發現了一封幾年前的信，那是她兒子在到達前線後寫的。信上寫道：「請媽媽放心，我永遠不會忘記妳對我的教導，不論在哪裡，也不論遇到什麼災難，都要勇敢地面對生活，像真正的男子漢那樣，能夠用微笑承受一切不幸和痛苦。我永遠以妳的教誨為榜樣，永遠記著妳的微笑。」

　　她熱淚盈眶，把這封信讀了一遍又一遍，似乎看到兒子就在自己的身邊，那雙熾熱的眼睛望著她，關切地問：「親愛的媽媽，妳為什麼不照妳教導我的那樣去做呢？」

　　伊麗莎白・康黎打消了背井離鄉的念頭，一再對自己說：「告別痛苦的手只能由自己來揮動。我應該用微笑埋葬痛苦，繼

續頑強地生活下去。我沒有起死回生的能力改變它，但我有能力
繼續生活下去。」

　　後來，伊麗莎白‧康黎寫了很多作品，其中《用微笑埋葬痛
苦》一書，頗具影響力。書中有這樣幾句話——

　　人，不能陷在痛苦的泥潭裡不能自拔。遇
到可能改變的現實，我們要向最好處努力；遇
到不可能改變的現實，不管讓人多麼痛苦不
堪，我們都要勇敢地面對，用微笑把痛苦埋
葬。有時候，生比死需要更大的勇氣與魄力。

一個男孩的卑怯

在關鍵時刻……
忘掉自己，你就會變得勇敢；
關懷別人，才能讓你贏得尊重！

有一個男孩生性怯懦，屢遭同伴們的嘲弄和恥笑。男孩為此苦惱不已，做夢都想成為一個勇敢且受人尊重的人。

後來男孩應徵入伍了，他原以為換個新的環境會給他的境遇帶來改觀，但由於秉性所使然，不久，男孩便再次淪為大家取笑、戲謔的對象。男孩因而感到非常苦惱。

一天，教官對新兵們進行投擲訓練，他突然把一枚手榴彈向著新兵旁邊擲過去，新兵們個個大驚失色，連滾帶爬地紛紛四下潰散。教官的臉色頓時有些陰暗，他憤憤地說：「這只是一枚不會爆炸的手榴彈，我這樣做只是想檢測一下你們的心理素質，看你們在突發事件前，能否保持鎮定和勇敢──要知道，對一名軍人來說這是至關重要的！」

恰巧，那天男孩因病未能出練。第二天，當他出現在操場上時，教官暗示新兵們不要聲張，便故伎重施，將手榴彈像昨天那樣再次投擲。大家掩面竊笑，期待一場鬧劇的上演。

同他們一樣，男孩並不知道手榴彈不會爆炸。然而，在那一瞬，他卻奮不顧身地撲了上去，用瘦弱的身體把手榴彈壓在自己身下，並伴以緊迫而短促的一聲大吼：「快！快閃開！」

剎那間，大家驚呆了！個個面面相覷。誰也沒想到，男孩竟企圖用犧牲自己為代價，來換取戰友們的生命。男孩在那一刻所表現出的無私與無畏、果斷與勇敢征服了大家。

　　過了好久，男孩才明白過來，緩緩地從地上爬了起來，羞臊地低下了頭，等待同伴們的奚落。然而，這次沒有，每個人都將自己的無上崇敬和感激，化作熱烈的掌聲，經久不息。

　　男孩哭了。這是他平生頭一次因為受到如此厚重的禮遇而高興地流下了淚來。

　　從此以後，男孩一點一點的從卑怯中走了出來，屢立軍功，贏得了大家的無限崇敬。

勇氣

即使在最殘酷的戰場，
也會閃耀著人性的光輝，
這就是人類偉大的地方。

那是在一九一七年耶誕節數週前發生的故事——

第一次世界大戰的歐洲戰場上。

一方是德軍伏在自己戰壕內，另一方則是美軍。雙方的槍炮聲不斷響起，在他們之間是一條狹長的無人地帶。一位受傷的年輕德國士兵試圖爬過那無人地帶。結果被帶鉤的鐵絲纏住，發出痛苦的哀號。

在槍炮聲之間，附近的美軍都聽得到他的哀嚎慘叫。

一位美軍士兵實在無法再忍受了，於是他爬出戰壕，匍匐著向那德國士兵爬過去。

其餘的美軍明白了他的意圖後，便停止了射擊，但德軍仍炮火不輟，直到一位軍官明白過來，才命令停火。

此時，無人地帶頓時出現了一陣奇怪的沈寂。年輕的美國士兵爬到德國士兵身邊，幫他擺脫了鐵鉤的糾纏，扶起他向德軍的戰壕走去，交給了迎接他的人之後，轉身準備離去

忽然，一隻手搭上了他的肩膀。回過頭來，原來是一位佩帶著鐵十字榮譽勳章——德國最高勇氣標誌——德軍軍官，他從自

己制服上扯下了那枚勳章，以嚴肅的表情默默地別在美軍士兵胸前，然後「叭」鄭重地立正站好對他行一個軍禮。

當美國士兵安全抵達己方戰壕時，雙方又恢復了那毫無道理的戰事……

但是，凡觀看過這一幕情形的敵方或我方，一輩子最值得記憶的不是戰爭的可怕，而是戰爭中的溫馨──勇氣，不需要理由。

彎腰，拾起你的尊嚴

> 不管是窮人、還是富人，
> 絕不能抹煞別人的尊嚴，
> 人與人的尊嚴是對等的。

　　二十世紀有一位挪威青年男子飄洋過海來到法國，他要報考著名的巴黎音樂學院。考試的時候，儘管他竭力將自己的水平發揮到最佳的狀態，但是主考官還是沒能看中他。

　　身無分文的青年男子來到學院外不遠處一條繁華的街上，勒緊褲帶在一棵榕樹下拉起了手中的琴。他拉了一曲又一曲，吸引了無數人的駐足聆聽。饑餓的青年男子最終捧起自己的琴盒，圍觀的人們紛紛掏錢放入琴盒。

　　一個無賴鄙夷地將錢扔在青年男子的腳下。青年男子看了看無賴，最終彎下腰拾起地上的錢遞給那無賴說：「先生，您的錢掉在了地上。」

　　無賴接過錢，重新扔在青年男子的腳下，再次傲慢地說：「這錢已經是你的了，你必須收下！」

　　青年男子再次看了看無賴，深深地對他鞠了個躬說：「先生，謝謝您的資助！剛才您掉了錢，我彎腰為您撿起。現在我的錢掉在了地上，麻煩您也為我撿起來！」

　　無賴被青年男子出乎意料的舉動震撼了，最終他還是撿起了地上的錢，放入青年男子的琴盒，然後灰溜溜地走了。

圍觀者中有雙眼睛，一直在默默關注著青年男子，他就是剛才的那位主考官。他將青年男子帶回學院，最終錄取了他。

　　這位青年男子叫比爾・撒丁，後來成為挪威相當有名氣的音樂家，他的代表作就是──《挺起你的胸膛》。

　　當我們陷入生活最低谷的時候，往往會招致許多無端的蔑視；當我們處在為生存苦苦掙扎的關頭，往往又會遭遇肆意踐踏你尊嚴的人。針鋒相對的反抗是我們的本能，但往往會讓那些缺德者更加暴虐。我們不妨用理智去應對，以一種寬容的心態去展示並維護我們的尊嚴。那時你會發現，任何邪惡在正義面前都無法站穩腳跟。

自由與生命

║ 除了人類，任何生物也都會追求自由的生活，
║ 而這種追求是不能被剝奪的。
║ 因為天生萬物是公正平等的。

　　八月的一天下午，天氣暖洋洋的，一群小孩在十分賣力地捕捉那些色彩斑斕的蝴蝶，我不由自主地想起童年時代發生的一件印象很深的事情。那時我才12歲，住在南卡羅來納州，常常把一些野生小動物捉來放到籠子裡，而那件事發生後，我這種興致就消失了。

　　我家在林子邊上，每當日落黃昏，便有一群美洲畫眉鳥來到林間歇息和歌唱。那歌聲美妙絕倫，沒有一件人間的樂器能奏出那麼優美的曲調來。

　　我當機立斷，決心捕獲一隻小畫眉，放到我的籠子裡，讓牠為我一人歌唱。果然，我成功了。牠先是拍打著翅膀，在籠中飛來撲去，十分恐懼。但後來牠安靜下來，接受了這個新家。站在籠子前，聆聽我的小音樂家美妙的歌唱，我感到萬分高興，真是喜從天降。

　　第二天，我把鳥籠放到我家後院。牠那慈愛的媽媽口銜食物飛到了籠子跟前。畫眉媽媽讓小畫眉把食物一口一口地吞咽下去。當然，畫眉媽媽知道這樣比我來餵牠的孩子要好得多。看來，這真是一件皆大歡喜的好事情。

接下來的一天早晨，我去看我的小俘虜在幹什麼，發現牠無聲無息地躺在籠子底層，已經死了。

我對此十分迷惑不解，不知發生了什麼事，我的那隻小鳥，不是已經得到了精心的照料了嗎？

那時，正逢著名的鳥類學家阿瑟‧威利來看望家父，在我家小住。我把小可憐兒那可怕的厄運告訴了他。聽完後，他做了精闢的解釋：「當一隻雌美洲畫眉發現牠的孩子被關進籠子後，就一定要餵小畫眉足以致死的毒莓，牠似乎堅信孩子死了，總比活著做囚徒還要好些。」

從此以後，我再也不捕捉任何小動物來關進籠子裡了。

一生最珍貴的財富

> **無論何時何地，**
> **名譽對每個人都是無價之寶，**
> **不可以賤賣！**

看到當代的政治人物，不但會利用職權收賄金錢，還會利用職權以低的折扣購買豪宅、珠寶、名車，簡直是壞事做盡，無恥至極……

一八一五年六月，威靈頓公爵統率反法聯軍在滑鐵盧大敗拿破崙軍隊，因此聲名大噪。但他回到英國後，並沒有因此而自恃功高，仍舊謙恭待人。

長久以來，他就想買下住家旁邊的一塊空地，於是他讓部下去跟地主商議買賣事宜。由於地主正好缺錢，加上知道買主是赫赫有名的威靈頓公爵，買賣很快就成交了。

當那位部下興沖沖地回報已成交時，威靈頓問：「你用多少錢買的？」

部下得意地說：「本來那塊地值一千五百英鎊，但我用一千英鎊就買下來了。因為我報上公爵的名號，對方還嚇得直發抖呢……」

威靈頓向來視自己的名譽為一生中最珍貴的財富，便打斷了部下的話，不高興地斥責道：「你把我的名譽以五百英鎊的價錢賤賣了。」

第二天，威靈頓立即派人給那位地主，再送去了五百英鎊。

真正的良好風度必出自善良。心地善良的人必然樂於助成他人的幸福，而不喜歡讓他人痛苦或煩惱。正如友好和善意一樣，謙恭有禮自然讓人感到輕鬆愉快。謙恭有禮與友善的行為總是合二為一，不可分離。

風度良好的人總是溫良寬厚，特別謙虛謹慎，從不裝腔作勢、裝模作樣、招搖過市。他們總是通過自己的行為，而不是通過自己的言語來證實自己的內在品性。正是由於這種處世態度，他們才能取得非凡的成就，創造完美的人生。

如何解開神結

> 做人不必恐鑽牛角尖，
> 與其繞著問題的死結轉，
> 不如另外開創出一條路來走。

西元前三三三年冬天，馬其頓將軍亞歷山大率領軍隊，進入亞洲的一個城市紮營避寒。他聽說城裡有一個著名的神諭——

誰能夠解開城中那複雜的「哥頓神結」，誰就會成為——亞細亞王。

亞歷山大滿懷信心，驅馬前去解結。可是，他嘗試了幾個星期，卻無法找到結的兩端。他毫無頭緒，但又不甘罷休。思來想去，突然頓悟：「我何不自己創造一個解結的規則呢？」

於是，亞歷山大揚眉劍出鞘，他將「哥頓神結」砍成兩半，結被徹底「解」開了。

亞歷山大最終如願以償，亞細亞王的榮譽光輝四射。

快樂的蘭花

> 現代人時常心為物役，患得患失，
> 讓過多的欲望佔據了心靈，
> 而錯過了許多美好的風景！

　　唐代著名的慧宗禪師常為弘法講經而雲遊各地。有一回，他臨行前吩咐弟子看護好寺院的數十盆蘭花。弟子們深知禪師酷愛蘭花，因此把蘭花侍奉非常殷勤。

　　但有一天深夜狂風大作，暴雨如注，偏偏弟子們由於一時疏忽，當晚將蘭花遺忘在戶外。第二天清晨，弟子們望著眼前傾倒的花架、破碎的花盆後悔不迭。

　　幾天後，慧宗禪師返回寺院，眾弟子忐忑不安地上前迎候，準備領受責罰。得知原委，慧宗禪師泰然自若，他寬慰弟子們說：「當初，我不是為了生氣而種蘭花的。」

　　就是這麼一句平淡無奇的話，在場的弟子們聽後，卻在肅然起敬之餘，更如醍醐灌頂，頓時大徹大悟……

愛情草

問世間情是何物？
水會流失，火會熄滅，
而愛情卻能和命運抗衡。

傳說，在很遠的山裡有一座吻天崖。高高的崖頂上生長著一種愛情草，只要誰能夠採擷到它，那麼他（她）夢中的愛情就會變成現實。然而，吻天崖有百餘丈高，四壁宛如刀削。好多好多年來，竟沒有一個人能夠攀上崖頂。

這時有個年輕而威猛的獵人，為了採擷到一株愛情草，他決意要冒險去攀登吻天崖。可是，他心裡的祕密卻被族人發現了。於是，族人就把他禁閉起來，並輪番去勸說他放棄這個危險的念頭。他的族人都這麼認為——「也許等到白雪皚皚的季節來臨之時，他自己首先就會氣餒了。」

那是一個月光皎潔的夜晚，年輕獵人偷偷掙脫了族人的禁閉，來到吻天崖下。他仰望著高聳陡峭的崖頂，心裡裝著滿滿地愛意，沒有絲毫畏縮。

他彷彿看到了美麗的愛情草在崖頂上，朝他招手微笑。年輕獵人開始拽著崖壁上的枯藤往上攀登；有幾次他差點失足跌下危崖，但在穩定一下情緒後，他繼續朝上攀登。很快，他的腳掌磨破了，手掌也滲出了血水，然而他好像忘記了什麼叫做疼痛，血

漬渲染了一路。

　　不知過了多久，他磨爛的手掌終於碰到了崖頂；他看清崖頂上長滿了孤寂的愛情草；爾後，他用盡全身的氣力抓去，那幾乎是在同一個瞬間，獵人的身子朝危崖下墜去……

　　翌日清晨，族人們在吻天崖下找到了年輕獵人的屍體。他身下那一攤通紅的血跡，像初升的旭日一樣令人炫目。他的手中緊緊攥著一株愛情草，凝固的笑容已變成一個永恆的夢。

　　第二年春天，在吻天崖下長滿了翠綠的愛情草。它們雖然沒有了先前的靈驗，但是在情人的眼裡，它們仍要比豔麗芬芳的玫瑰真誠一萬倍。

清心

> 心只要清，無論從哪個角度、遇到怎樣的挫敗，
> 心田都不會荒蕪，目標都不會迷茫，
> 意志都不會消沈，卻能得到簡單又豐盛的快樂。

　　朋友出差回來，送給我一套宜興茶具。很精細的紫砂壺上面刻著一行小字——「雲在青天水在瓶」。一個偶然的機會，我在網路裡看到了詩的出處。

　　唐朝會昌年間，山南東道節度使李翱數次派人請藥山禪師進城供養，均被禪師拒絕。一日，李翱親自登門造訪。藥山禪師坐在蒲團上，手拿經卷故意不理睬他。

　　李翱憤然道：「見面不如聞名！」說完欲拂袖而去。

　　這時，藥山禪師冷冷地對他的背影說道：「太守怎麼能貴耳賤目呢？」

　　一句話，使得李翱遂轉身禮拜，並問：「什麼是道？」

　　藥山禪師伸出手指，指上指下，然後問：「懂嗎？」

　　李翱道：「不懂。」

　　藥山禪師解釋說：「雲在青天，水在瓶。」

　　原來真理就在青天的雲上、瓶裡的水中。道在一草一木，道在一山一谷，道在宇宙間一切事物當中。

　　李翱當即提筆寫了一首詩：「練得身形是鶴形，千株松下兩

函經。我來問道無餘說，雲在青天水在瓶。」

　　這是多麼澹泊高遠的境界！而反觀我們，一些欲望已經根深柢固地生長在心裡了，像雜草一樣無法自拔。

　　有一首回文詩經，常有人刻在茶館最醒目的地方。這首詩僅僅是五個字，「可以清心也。」無論怎麼看，都可以連貫成句，順暢自如──可以清心也，以清心也可，清心也可以，心也可以清，也可以清心。

名利對我如浮雲

> 放下對浮世的追逐，也就放下了心上的負累，
> 輕裝上路，再難走的路也會好走，
> 再清苦的生活，也會充滿和樂。

　　比爾‧蓋茲曾經蟬聯世界首富六年，然而，作為世界上最富有的人，比爾‧蓋茲卻是個「不會花錢的人」：他穿著普通的T恤，吃著平常人吃的漢堡。他的朋友曾對他說：「你這樣那像是美國最富有的人呀，沒有隨從，外出就像閒逛一樣，還邀請身邊的人一起去吃熱狗。」

　　幾乎全世界的人都在替他發愁：這麼多的錢，要怎麼花才花完呢？然而，蓋茲卻是很早就找到了花錢的方法：他將99％的財產留給自己創辦的比爾‧蓋茲和梅琳達‧蓋茲基金會。這個以他和他的妻子命名的基金會將負責把這筆錢用於研究愛滋病和瘧疾的疫苗，並為世界上的貧窮國家抵禦這兩種疾病提供幫助。

　　對於已經收獲功名利祿的人更應該有一顆恬靜淡然的心，把一切都看淡，功名利祿不應該成為你的標籤，而應該幫助那些弱小的，炫耀不會贏得尊重，只會惹來厭惡。一個具有高尚德行的人必定是擁有過而不在意的人，他們知道如何幫助世人，如何淡然知足。比爾‧蓋茲就是如此，他捨棄自己的財富去幫助那些需要幫助的人，把名利視作浮雲。所以，他在世人的眼中並不儘然是世界首富，而是一個有無比愛心的人。

唐朝著名詩人宋之問有一個外甥叫劉希夷，也很有才華。一次，劉寫首詩來舅舅家請教，當宋之問讀到「古人無復洛陽東，今人還對落花風。年年歲歲花相似，歲歲年年人不同。」時，大讚其妙，忙問是否給他人看過，劉告訴他剛剛寫完不曾給人看。宋之問接著說：「這後二句是全詩之眼，萬萬不能去掉。」晚上，宋之問在床上翻來覆去，腦子想的全是「年年歲歲花相似，歲歲年年人不同」，若是此詩面世，必將千古傳唱、揚名天下，一定要想個法子據為己有。於是，當天夜裡，宋之問命人將劉害死。後來，宋之問獲罪被流放，又被皇上勒令自殺，天下文人知道後，無不稱快。

　　「非淡泊無以明志」，淡泊是一種人生態度，世間萬物，風雨飄搖，保有一個淡然的人，才能體驗人生百態，達到天人合一的物我兩忘。淡泊是一種氣度，一種修養，淡泊能教會我們自然從容，不論怎樣的逆境，都能坦然面對。淡泊不是拋棄自我，恰巧是一種自我回歸，當一個人的心平淡下來，往往能忘卻周遭的喧囂嘈雜，遠離塵俗，重拾自我。

愛情可以很簡單

> 如果你不懂得愛，就會把愛情搞得很複雜，
> 其實愛情很簡單，只要會守住那份心，
> 你就可以擁有愛的天堂了。

荷西問三毛：「你想嫁個什麼樣的人？」

三毛說：「看得順眼的，千萬富翁也嫁；看不順眼的，億萬富翁也嫁。」

荷西：「說來說去還是想嫁個有錢的。」

三毛看了荷西一眼：「也有例外。」

「那要是嫁給我呢？」荷西問道。

三毛嘆了口氣：「要是你的話，只要夠吃飯的錢就夠了。」

「那你吃得多嗎？」荷西問。

「不多，以後還可以少吃一點。」

有多少人羨慕三毛與荷西的愛情，現實生活中，確實有不少女性不追求物質生活，甘願過清苦的日子，只為了能和相愛的人在一起。然而，上天似乎並不眷顧這些為男人、為家庭奉獻了自己所有的女人，只要男人出人頭地了，他身後那個一直默默付出的女人遲早會被拋棄。

這樣的女人，如今被稱為「抹布女」。

「我就像一塊抹布，把你身上的泥土擦乾淨了，把你擦得像個城裡人了，你就把我丟掉了。」這是電視劇《我拿什麼拯救

你，我的愛人》中的經典台詞，「抹布女」一詞也由此走紅。

　　這類女性的共同特點是：深信愛情，覺得有了愛情，就有了一切。在熱戀期間，眼裡只有對方，愛屋及屋，對愛人的缺點無限度包容；沒有底限地一味遷就對方，所有閒暇的時間都會以愛人為中心，自己的交際圈幾乎為零；不管是否曾被愛情傷害過，只要遇到甘願讓自己付出的人，就會赴湯蹈火；能與所愛之人共苦，即使最後在被愛人拋棄的情況下，自己也會忍氣吞聲。

　　這些女性愛得無怨無悔，為了愛情寧願犧牲自己的事業、青春，全心全意幫助愛人成功，最後卻被拋棄。

　　這樣的女性總說很愛對方，愛對方勝過自己，但那是真的愛嗎？那樣的愛有時背後隱藏的是自私，是冠以為對對方好的名義滿足自己控制慾，所做的不但要對方無條件的接納並且還說「我是為你好，我愛你。」但是內心呢？內心期待的是對方給予自己同樣甚至是更高的回報。當對方不堪重負時，只能選擇離開。

珍惜你目前所擁有的

> 人都會有一種「執念」，
> 認為得不到和已失去的才是珍貴之物，
> 其實，懂得「一鳥在握勝過眾鳥在林」才是真義。

很久很久以前，在一個香火很旺的寺廟裡，有一隻染上了佛性的蜘蛛。

有一天，佛從天上路過，看見了這個香火很旺的寺廟，佛來到了這個寺廟裡，看見了那隻蜘蛛，佛問：「蜘蛛，你知道什麼是這個世界上最值得珍惜的嗎？」

蜘蛛回答：「得不到和已經失去的。」

佛說：「好，那我三千年後再來問你這個問題。」

佛走了。

蜘蛛仍然生活在這個寺廟，每天都在為前來許願的人們所祈禱，每天都在為他們的故事所感動。日子就這樣在不知不覺中慢慢的過去。

三千年後，佛又來到了這個寺廟，他又問這隻蜘蛛：「蜘蛛，你知道什麼是這個世界上最值得珍惜的嗎？」

蜘蛛回答：「得不到和已經失去的。」

佛說：「好，那我三千年後再來問你這個問題。」

佛走了。

蜘蛛仍然生活在這個寺廟裡。忽然有一天一陣風刮來了一滴

甘露，這滴甘露就落在蜘蛛的網上，蜘蛛很喜歡這滴甘露，它每天都看著它，覺得自己很幸福，覺得時間每天都過得很快。但是有一天，那陣風又刮來了，並且把甘露也帶走了。蜘蛛失去了甘露，它很傷心。日子就在蜘蛛的悲傷中慢慢的過去了。

　　三千年後，佛再一次來到了這個寺廟，他又問蜘蛛：「蜘蛛，你知道什麼是這個世界上最值得珍惜的嗎？」

　　蜘蛛回答：「得不到和已經失去的。」

　　佛說：「好，那你就和我一同到人間一趟吧。」

　　蜘蛛隨佛祖來到了人間，佛祖蜘蛛投胎轉世，18年過去了。

　　那隻蜘蛛投胎成了一個官宦之家的小姐，取名叫珠兒。同年，甘露也投胎轉世，成了新科狀元。在一次皇宮的大宴上，珠兒和甘露又一次的相遇了。甘露儀表堂堂，舉止文雅，成為了眾人矚目的焦點，自然也得到了皇帝的女兒長風公主的青睞。珠兒並不著急，因為她知道，她和甘露的緣份是上天注定的。

　　有一天，珠兒去寺廟裡燒香，恰巧遇到了陪母親來燒香的甘露。她走過去，甘露文質彬彬的說：「小姐，您有何貴幹嗎？」

珠兒的臉色頓時變得很蒼白：「你難道不認識我了嗎？我是珠兒啊，就是兩千多年前那的那位啊！」

　　甘露不解地回答：「對不起，小姐，我想你認錯人了，我並不認識你，也不知道你說的到底是什麼？」

　　甘露扶著母親走了。珠兒進入了無比的悲痛之中。她不明白這份天注定的緣，怎麼這麼難。幾天後，當珠兒還沉侵在痛苦中的時候她得到了兩個消息：一是皇帝把自己的女兒長風公主許配給了新科狀元甘露；二是皇帝把她許配給了自己的兒子甘草。

　　聽到這個消息，珠兒終於堅持不住了，她徹底地崩潰了，從此一病不起。在珠兒和甘草的大婚快到的時候，得知珠兒大病不起的甘草很是傷心，他來到珠兒的床邊，握著昏迷之中的珠兒的手說：「珠兒，你知道嗎？自從在父皇的大宴上看見你的那一刻起，我就已經深深地愛上你了，所以我請求父皇把你許配給我，如果你死了，我這下半生……」

　　珠兒已經聽不見了，因為她的靈魂已經慢慢地離開了她的軀體，她看著自己身邊默默流淚的甘草，感覺像有一把刀在心裡狠狠地割了一下。

正在此時，佛出現了，他問珠兒：「你現在能告訴我什麼是這個世界上最值得珍惜的嗎？」

珠兒含著眼淚說：「得不到和已經失去的。」

佛說：「難道你還不明白嗎？甘露在你的生命中只是一個過客，他被長風帶來，也被長風帶走，所以他屬於長風公主。而你在寺廟生活的那段日子裡，在你網下的甘草，一直默默地注視著你，愛慕著你，只是他沒有勇氣告訴你，你也從來沒有低下過你那高貴的頭顱。」

這時的珠兒早已是滿眼含淚，她點點頭，看著自己身邊的甘草說：「在這個世界上最值得珍惜的是現在身邊所擁有的。」

「行將失去的東西都有難以言諭的美！」愛情，尤其如此。我們總是懷念那些沒有「開花結果」的愛情，而常常忽略了已經環繞在身邊，給我們溫暖的愛情。

國家圖書館出版品預行編目資料

慢慢才知道，日子原來可以這樣過，何睿平 著
-- 初版 -- 新北市：新視野 New Vision, 2019.05
　冊；　公分 --（實用經典 05）
　　ISBN 978-986-97036-5-9（平裝）
1.生活指導

177.2　　　　　　　　　　　　107023079

實用經典 05

慢慢才知道，
日子原來可以這樣過

作　　者　何睿平
出　　版　新視野 New Vision
製　　作　新潮社文化事業有限公司
　　　　　電話 02-8666-5711
　　　　　傳真 02-8666-5833
　　　　　E-mail：service@xcsbook.com.tw
印前作業　東豪印刷事業有限公司
印刷作業　福霖印刷有限公司

總 經 銷　聯合發行股份有限公司
　　　　　新北市新店區寶橋路 235 巷 6 弄 6 號 2F
　　　　　電話 02-2917-8022
　　　　　傳真 02-2915-6275

初　　版　2019 年 05 月